Franz Josef Strauß oder „der dickköpfige Satansbrätling“

D1997327

Franz Josef Strauß
oder
„Der dickköpfige Satansbrätling“

1915
1988

Hanns
Seidel
Stiftung

„Ich bin doch kein Polit-Mannequin."

Franz Josef Strauß

Thomas Gottschalk überreicht Franz Josef Strauß eine Karikatur von Dieter Hanitzsch, 1982 (ACSP/Foto: Winfried Rabanus)

Vorwort	6
Der dickköpfige Satansbrätling oder...	8
...Seine Majestät	10
...Der Überflieger	12
...Der Supermann	14
...Der Familienmensch	16
...Der harte Brocken	20
...Der Gipfelstürmer	22
...Der Himmlische	24
...Die Urgewalt	26
...Der Kleriker	28
...Der Kasperlspieler	30
...Der Schauspieler	32
...Der Musiker	38
...Der Dompteur	40
...Der Kämpfer	44
...Der Sportler	46
...Der Wegbereiter	48
...Der Mobilist	50
...Die kleine Schwester	52
...Der Tierische	57
Hannes Burger, Franz Josef Strauß - Der Gezeichnete	62
Die Karikaturisten	78
Impressum	79

Vorwort

„Mal angenommen, wir Karikaturisten hätten irgendwann einen deutschen Politiker „erfinden" dürfen, der sich besonders gut für Karikaturen geeignet hätte, mit markanten Gesichtszügen, einer stattlichen Figur, mit allen Wassern gewaschen, kein Kind von Traurigkeit, ein Freund deutlicher Aussprache, hochintelligent, sehr ehrgeizig, nicht zimperlich in der Wahl seiner Mittel, mit viel Licht, aber ebenso viel Schatten in seiner Karriere, von Gegnern verteufelt, von Freunden vergöttert, für beinahe jede Rolle geeignet, in allen möglichen Verkleidungen unverkennbar, dann wäre jede Wette, einer wie Franz Josef Strauß auf den Skizzenblöcken der Karikaturisten entstanden." Dieter Hanitzsch (Meine besten Sträuße, München 1998) bezeichnete ihn als „Geschenk des Himmels", vom Karikaturistengott auf die politische Bühne geschickt, wo er verlässlich und regelmäßig Anlässe für Zeichnungen bot. Für Verfremdungen bot er sich geradezu an. Er gehörte zu den Politikern, die tausendfach ein „geborenes Opfer" der Karikaturisten wurden. Selbst nach seinem Tod am 3. Oktober 1988 zählte er noch jahrelang zu den meistgezeichneten Politikern.

In der Rolle eines Engels auf seiner Wolke, dessen gehörnte Stirn nur dazu dient, den Heiligenschein festzuhalten, erscheint er bis heute in den wöchentlichen TV-Geschichten des Max Froschhammer von Dieter Hanitzsch.

Strauß selbst beantwortete die Frage, was er von der politischen Karikatur halte, 1971 in einem Statement, um das ihn Ernst Maria Lang für sein Buch „Die – von Ernst Maria Lang – Gezeichneten" gebeten hatte: „Die politische Karikatur muß in der Substanz die Wahrheit treffen, auch wenn sie unbequem ist. Sie muß die Wahrheit nach dem Grundsatz des lateinischen Sprichworts ridendo dicere verum treffen. Die Karikatur darf nicht unter dem Vorwand der künstlerischen Leistung den Tatbestand der verleumderischen Beleidigung erfüllen." Und Herbert Kolfhaus bescheinigte er: „Sie haben dabei eine selbstgezogene Grenze beachtet, die ich an einem Karikaturisten besonders zu schätzen weiß – Sie spießen mit Ihrer Feder zwar die Politiker auf, Sie stechen sie aber nicht tot!" (Brief von Franz Josef Strauß an Herbert Kolfhaus, 10.10.1981, ACSP, NL Strauß PV 13763)

Nicht erst seit die Zeichner von Karikaturen Morddrohungen und Anschlägen ausgesetzt sind, sind Karikaturen in aller Munde. Karikaturen sind mehr als bloße Zeichnungen. Sie besitzen einen unsichtbaren Kontext, der notwendig ist, um sie zu verstehen – oder misszuverstehen. Karikaturen sind meist eine subjektive, parteiische Kritik an bestehenden Werten oder politischen Verhältnissen und oft werden sie als „Waffe" in gesellschaftlichen Auseinandersetzungen verwendet. Die Karikatur kann mehr satirisch oder eher humoristisch ausgerichtet sein, je nachdem, ob sie ihr Opfer völlig verurteilt und beißendem Spott aussetzt oder – als bloße Witzzeichnung – nur einige Mängel mit leiser Ironie kommentieren will. Gute Karikaturen wollen ärgern und weh tun, sie wollen Augen öffnen, Blick und Bewusstsein schärfen und zum Nachdenken zwingen. Dadurch leisten sie einen Beitrag zur jeweils aktuellen politischen Diskussion und werden selbst zum Zeitdokument.

1915
1988

Eine Auswahl von etwa 120 dieser Zeitdokumente aus einem schier unübersehbaren Fundus von Karikaturen gibt dieser Band wieder. Allein die in den Sammlungen und Politikernachlässen des Archivs für Christlich-Soziale Politik der Hanns-Seidel-Stiftung überlieferten Karikaturen gehen in die tausende. Hier eine wie auch immer theoretisch, inhaltlich-sachlich oder chronologisch stringente, objektiv begründete Auswahl zu treffen, wurde zugunsten eines bewusst subjektiven Prinzips hintan gestellt: Die Mitarbeiter des Archivs, die sich zum Teil seit Jahrzehnten aus beruflichen Gründen mit diesen Zeichnungen befassen, haben sich auf fünf „Münchner Zeichner" beschränkt und für einen kleinen Band zum 100. Geburtstag von Franz Josef Strauß diejenigen Karikaturen ausgewählt, die sie für „die treffendsten, die besten und schönsten" halten. Neben aller bissigen und treffenden Kritik an den zeitgebundenen politischen Ereignissen und gesellschaftlichen Verhältnissen sind die ausgewählten Karikaturen von zeitloser Gültigkeit.

Auch ohne historisches Wissen um den konkreten politischen Anlass charakterisieren sie zugespitzt und provokant mit unübertroffener künstlerischer Könnerschaft ihren „Gegenstand" Franz Josef Strauß auf tiefsinnige und humorvolle, zugleich hinterkünftige und herzliche Art.

Auf die gleiche Art charakterisiert Hannes Burger in einem abschließenden Aufsatz treffend und pointiert die individuellen Zugriffe und die zeichnerische Künstlerschaft der fünf ausgewählten „Manderl-Maler". Seinen zeichnenden Kommentatoren-Kollegen war der Journalist, beruflich jahrzehntelang eng und freundschaftlich verbunden. Ihm gilt unser besonderer Dank, ebenso wie dem Grafiker Norbert Riggenmann, der die Karikaturen meisterhaft in Szene setzt.

Viel Spaß beim Lesen und Schauen!

Ursula Männle
Vorsitzende der
Hanns-Seidel-Stiftung

Renate Höpfinger
Leiterin des Archivs für
Christlich-Soziale Politik der
Hanns-Seidel-Stiftung

„Der dickköpfige Satansbrätling“ oder...

1915

6. September

Franz Josef Strauß wurde in München als Kind des Metzgermeisters Franz Josef Strauß und seiner Ehefrau Walpurga, geb. Schießl, geboren. Strauß verbrachte zusammen mit seiner Schwester Maria die Kindheit und Jugend in seinem katholisch geprägten Münchner Elternhaus.

...Seine Majestät

Der schwarze Erdteil, Horst Haitzinger 1982
Die Bayerischen Landtagswahlen bringen der CSU wieder eine überwältigende Mehrheit.

Scheich Franz Josef von Saudi-Bavaria mit seinen Jagdfalken, Dieter Hanitzsch

„...und proklamieren hiermit `Das von Bonn unabhängige Königreich Bayern`.", Horst Haitzinger 1980 · Franz Josef Strauß und die Unionsparteien müssen bei der Bundestagswahl eine Niederlage hinnehmen

König Strauß, Josef Blaumeiser

1922 1935

Franz Josef Strauß besuchte 1922 bis 1926 die Volksschule an der Amalienstraße in München. 1926 trat er in die Gisela-Realschule, 1927 in das Maximiliansgymnasium in München über. Sein Abiturzeugnis datierte vom 5. April 1935. Als jahrgangsbester Abiturient wurde er am 28. Oktober in die Studienstiftung „Maximilianeum" aufgenommen.

April-September 1935

Arbeitsdienst im Lager Schleißheim-Hochbrück

23. Oktober

Franz Josef Strauß belegte an der Ludwig-Maximilians-Universität München die Fächer Deutsche Sprach- und Literaturwissenschaften, Klassische Philologie, Geschichte und allgemeine Volkswirtschaftslehre. Er strebte das Staatsexamen für das höhere Lehramt an. Während des Studiums begann er eine Dissertation mit dem Titel „Justins Epitome der Historiae Philippicae des Trogus Pompeius", die 1944 bei einem Luftangriff verbrannte.

Beitritt zum NSKK (Nationalsozialistisches Kraftfahrer-Korps), dem er bis zum Juli 1939 angehörte.

...Der Überflieger

„Erhöhter Puls? - Geh, ganz normal vorm Erstflug!", Herbert Kolfhaus 1979

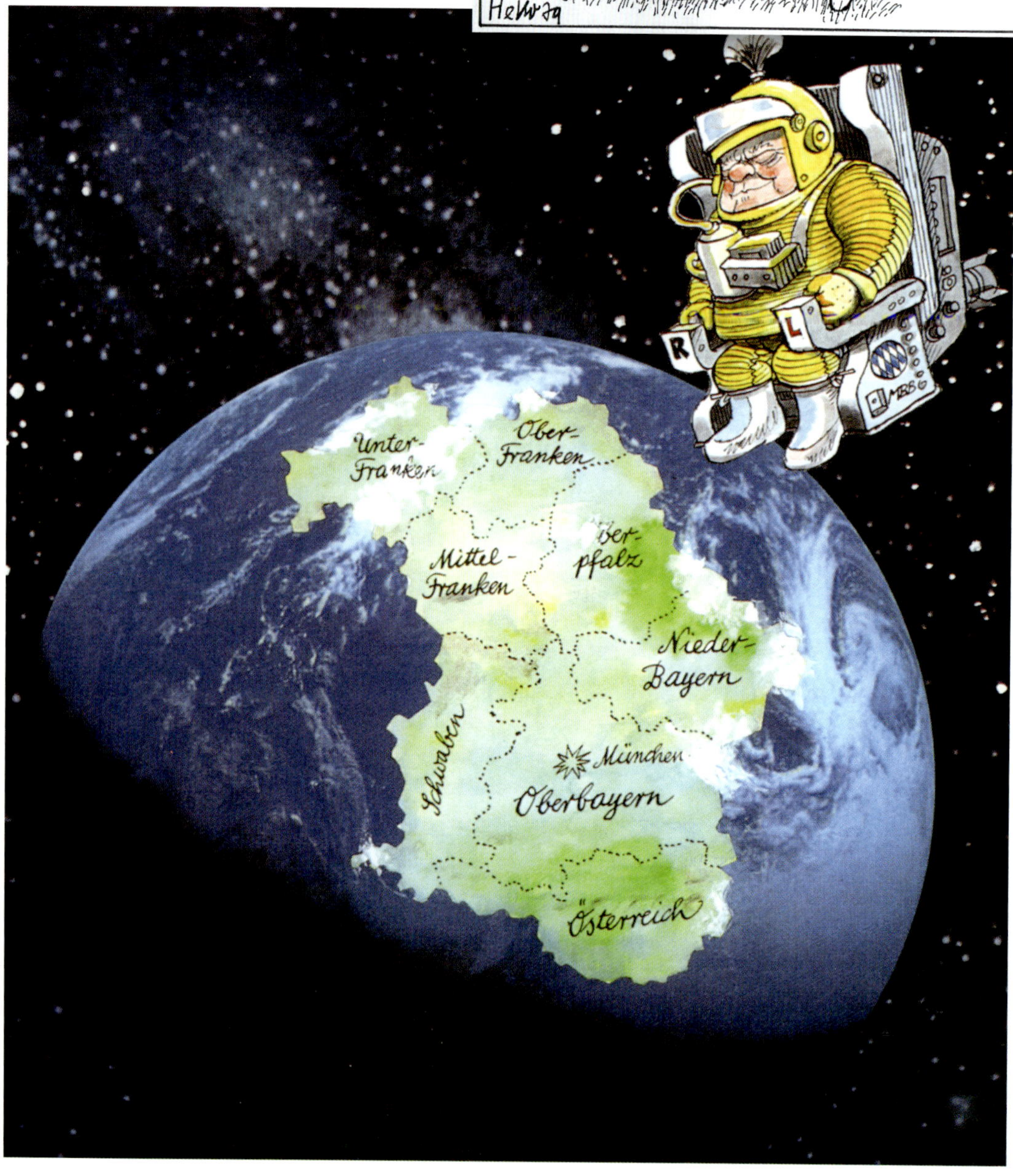

„Extra bavariam non est vita
Et si est vita, non est ita.",
Dieter Hanitzsch

Geräuschvoller Neustart.
„Des wer'n ma ja seh'gn, ob i do net wieda 'neikimm!",
Herbert Kolfhaus 1963

Der Startschuss ist gefallen,
Herbert Kolfhaus 1978
Landtagswahl 1978

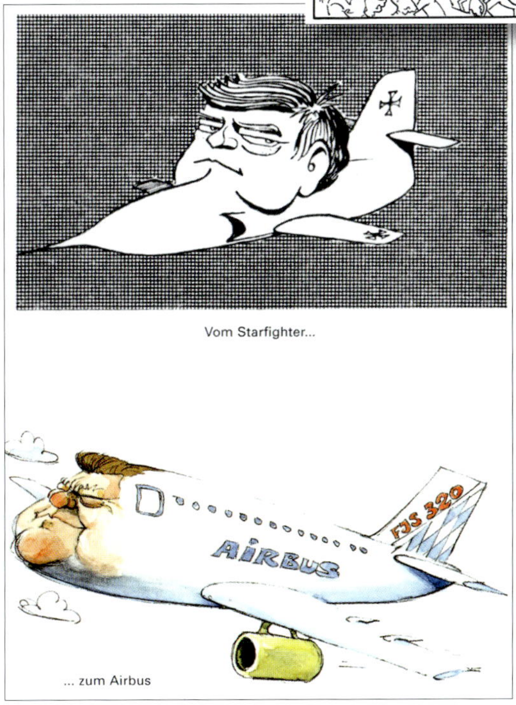

Vom Starfighter zum Airbus,
Dieter Hanitzsch

1939 1941

31. August 1939
Nach acht Semestern an der Universität München Einberufung zur Wehrmacht (schwere Artillerie) nach Landsberg.

November
Versetzung zur II. Abteilung des Artillerieregimentes 43 in der Nähe von Trier

6. März-15. April 1940
Franz Josef Strauß wurde von seinem Truppenteil beurlaubt und legte den ersten Abschnitt der Staatsprüfung Staatsexamen für das Lehramt an Gymnasien in den Fächern Geschichte und Klassische Philologie (Latein und Griechisch) ab. Am 16. April kehrte er zu seinem Truppenteil zurück.

1. Mai
Beförderung zum Gefreiten und Teilnahme am Frankreichfeldzug

1. November
Beförderung zum Unteroffizier

November- April 1940/41
Erneute Beurlaubung am 16.November: Tätigkeit an der Universität München als Assistent, am Theresiengymnasium in München als Studienreferendar sowie seit 1. April 1941 an der Oberschule für Jungen an der Damenstiftstraße in München als Studienassessor

...Der Supermann

ohne Titel, Horst Haitzinger 1982

Superman, Dieter Hanitzsch (vor 1979)

Bajuvarix' Zaubertrank, Horst Haitzinger 1979
Die CSU wählt ihren Vorsitzenden mit einer 98%-igen Mehrheit wieder

1940 1942

13. Dezember 1940

Lehrprobe in Geschichte am Theresiengymnasium zum Thema „Der schwedische Krieg 1630-1634"

Februar 1941

Versetzung von Franz Josef Strauß zur Heeresflak-Abteilung 277

1. April

2. Staatsexamen für das Lehramt

14. April

Erneute Einberufung zum Militärdienst

22. Juni

Teilnahme am Russlandfeldzug

September

Offiziersanwärterlehrgang bis Februar 1942 in Altendamm bei Stettin

15. Februar 1942

Beförderung zum Wachtmeister und Leutnant. Im Rahmen seiner militärischen Laufbahn gehörte Franz Josef Strauß folgenden Truppenteilen an: zunächst im Februar 1942 der Heeresflakartillerieabteilung 279 in Gotha, aus der im März 1942 die Heeresflakabteilung 289 neu aufgestellt wurde.

...Der Familienmensch

„Keine Angst, Liebling, es ist jemand aus unserer Familie!", Horst Haitzinger 1983

Der Globetrotter, Dieter Hanitzsch

„Schau - unser Bua sagt scho' Mama zu dir!", Herbert Kolfhaus 1979

1942 1945

8. April 1942

Ernennung von Franz Josef Strauß mit Wirkung zum 1. Mai zum außerplanmäßigen Beamten

28. April

Abtransport der Abteilung 289 von Gotha nach Russland zum Einsatz in der Ukraine, auf der Krim und vor Stalingrad

Januar-Mai 1943

Zur weiteren Ausbildung wurde Franz Josef Strauß an die Feldflak Artillerieschule XIII in Stolpmünde abkommandiert. Ab Mai war er dann als Ausbildungsoffizier und Abteilungsadjutant an der Flakschule IV in Altenstadt bei Schongau stationiert. In dieser Zeit erfolgten weitere kurzzeitige Abstellungen nach Dänemark, dem Ruhrgebiet und Frankreich.

20. April

Ernennung zum Studienrat an der Oberschule für Jungen an der Damenstiftstraße in München

1. Juni

Beförderung zum Oberleutnant

April/Mai 1945

Während der kurzen amerikanischen Kriegsgefangenschaft in Schongau schrieb Franz Josef Strauß einen Bericht über den Einsatz in Russland.

Die Hochzeit des Jahres.
1. Der Bräutigam 2. Die Braut
3. Die Brautmutter und Hauptperson
4. Ein bayerischer Verwandter, ebenfalls eine Haupterson
5. Prof. Schiller, Wirtschaftsleuchte
6. Tante Käte, Hausfrau
7. Vertreter der Bundeswehr
8. G. Heinemann, ehem. Kanzlerschreck
9. Onkel Hermann, Bundesökonomierat
10. Proporzerl (man wird von ihm noch viel hören!)
11. Eine Gruppe Rentner und Arbeitslose
12. Nicht eingeladene Verwandte
13. Amor, memoirenschreibend (da bei Vernunftehe überflüssig).,
Herbert Kolfhaus 1966

„Ihr werd's warten können – Hundsbuam wepsige!", Ernst Maria Lang 1977, von Hand kolorierter Presseausschnitt aus dem Nachlass Alfons Goppel, ACSP

Wer schläft, sündigt nicht, Herbert Kolfhaus 1964

„Ehrlich Schatzi - von jetzt an widme i mich fast nur noch dir!", Herbert Kolfhaus 1980

1945 1946

1. Juni 1945

Die amerikanische Militärregierung setzte Franz Josef Strauß in Schongau als stellvertretenden Landrat „Assistant Landrat" ein.

November

Andreas Lang, Franz Xaver Bauer und Franz Josef Strauß gründeten gemeinsam den CSU-Kreisverband Schongau. Strauß nahm Kontakt zu Fritz Schäffer auf.

1. Juni 1946

Ernennung zum Regierungsrat; Jugendreferent mit der Dienstbezeichnung Oberregierungsrat im Bayerischen Kultusministerium bis 13. Januar 1948

25. Juni

Wahl zum stellvertretenden Landrat durch den Kreistag in Schongau

31. August

Wahl zum Landrat von Schongau

15. Oktober

Die Spruchkammer in Schongau stufte Franz Josef Strauß im Entnazifizierungsverfahren als „entlastet" ein, da er außer dem NSKK keiner anderen Gliederung der NSDAP angehört hatte und auch kein Parteimitglied war.

...Der harte Brocken

Strauß-Fels, Josef Blaumeiser

Ein schwerer Brocken, Herbert Kolfhaus 1978

1946 1948

6. Dezember 1946

Berufung in den Landesvorstand der CSU als Jugendvertreter

31. Januar 1948

Beförderung zum Oberregierungsrat im Bayerischen Staatsministerium des Innern

24. Februar

Entsendung in den Frankfurter Wirtschaftsrat der Bizone: Franz Josef Strauß setzte sich hier für die von Ludwig Erhard empfohlene Soziale Marktwirtschaft ein. Die letzte Sitzung dieses Gremiums fand am 8. August 1949 statt.

9. März

Berufung als Leiter des Bayerischen Landesjugendamtes

5. Juni

Wiederwahl zum Landrat von Schongau

18. Dezember

Franz Josef Strauß übernahm das Amt eines Landesgeschäftsführers der CSU bis Mai 1949.

...Der Gipfelstürmer

„Wir erlauben und verbieten Ihnen hier folgendes:..“, Horst Haitzinger 1982
Die vom Verschwinden bedrohte F.D.P. stellt an die CSU Bedingungen und Forderungen zur Koalitionbildung

Die gemeinsame Bergtour.
„- und jetzt no an Schritt zurück, Mama.“, Herbert Kolfhaus 1968

Der Gipfelstürmer. Es scheint recht zügig aufwärts zu gehen -, Herbert Kolfhaus 1961

„Grad schee is so a Bergtour - gell, Mausi?!", Herbert Kolfhaus 1979

1949

1. Januar

Franz Josef Strauß legte sein Amt als Landrat nieder.

Mai

Ab diesem Zeitpunkt bis zum Dezember 1952 hatte Franz Josef Strauß die Position eines CSU-Generalsekretärs inne, während Heinz Heggenreiner in der Funktion eines Landesgeschäftsführers bis 1952 tätig war. Damit wurden erstmals die Ämter eines Generalsekretärs und eines Landesgeschäftsführers in der Verwaltungsorganisation der CSU benannt.

14. August

Bei der Wahl zum 1. Bundestag erreichten in Bayern: CSU 29,2% (im Bundesdurchschnitt 5,8%), SPD 22,8%, FDP 8,5%, WAV 14,4%, BP 20,9%. Dabei gewann Franz Josef Strauß das Direktmandat im Wahlkreis 12 Weilheim mit 28,8% der Stimmen.

31. August

In Bonn schlossen sich die 24 CSU-Bundestagsabgeordneten zur CSU-Landesgruppe zusammen. An ihre Spitze wurden Fritz Schäffer als erster und Franz Josef Strauß als zweiter Obmann gewählt.

...Der Himmlische

Bergwanderung, Dieter Hanitzsch

Kreuz des Südens, Dieter Hanitzsch

Bayerische Vollmondnächte,
Herbert Kolfhaus 1976

1949

„Die Hörnd'l hab' ich nur, damit mein Heiligenschein net' verrutscht.", Dieter Hanitzsch

„Helmut Schmidt ist gescheitert, aber der Erlöser ist da!", Horst Haitzinger 1979
Strauß ist Kanzlerkandidat der Union

„Hahahahahohoho!", Dieter Hanitzsch 1989
„Die Erinnerungen des Franz Josef Strauß" im „Spiegel"

1. September

Auf der konstituierenden Sitzung der CDU/CSU-Bundestagsfraktion erklärte Fritz Schäffer den Beitritt der CSU-Landesgruppe zur gemeinsamen Fraktion von CDU und CSU. Vorsitzender wurde Konrad Adenauer, während Fritz Schäffer als einer der drei Stellvertreter fungierte.

7. September

In Bonn konstituierte sich der erste Deutsche Bundestag. Während der ersten Legislaturperiode (1949 bis 1953) gehörte Franz Josef Strauß sechs Ausschüssen und zwei Untersuchungsausschüssen an.

15. September

Wahl von Konrad Adenauer zum ersten Bundeskanzler der Bundesrepublik Deutschland

20. September

Vereidigung des ersten Kabinetts von Konrad Adenauer: Ihm gehörte als Bundesfinanzminister auch Fritz Schäffer an. Da dieser wegen des Eintritts ins Kabinett seine Fraktionsämter ruhen lassen musste, übernahm Franz Josef Strauß bis 1953 den geschäftsführenden Vorsitz in der Landesgruppe und stieg faktisch zum Vorsitzenden auf. Ferner nahm er bereits an Vorstandssitzungen der Bundestagsfraktion teil.

...Die Urgewalt

ohne Titel, Horst Haitzinger

1949
1952

Tierliebes Bayern „Oh mei, dös viecherl is ja sooo liab...", Ernst Maria Lang 1962

30. September 1949

Im Zuge der Wahl Heinrich von Brentanos zum Vorsitzenden der CDU/CSU-Fraktion, wurde auch Franz Josef Strauß zu einem der stellvertretenden Vorsitzenden gewählt. Er übte das Amt bis 6. Oktober 1953 aus.

3. Juni 1950

Unter dem Titel „Bayern-Kurier. Die Wochenzeitung für das bayerische Volk" erschien die erste Nummer der Parteizeitung.

21. Juli

Jungfernrede im Bundestag zu den Themen Berufsnot, Ausbildungsnot und Heimatlosigkeit der Jugend

5. April 1951

Interpellation von Franz Josef Strauß, Erich Mende (FDP), und Wilhelm Hamacher (Zentrum) wegen der Vorgänge an der Saar

Mitglied der Gemeinsamen Versammlung der Montanunion bis 1956

7./8. Februar 1952

Bundestagsrede über die Probleme der Wiederbewaffnung (EVG-Rede)

Tornado über München, Horst Haitzinger 1986
Nach der gewonnenen Landtagswahl gibt es im bayerischen Kabinett sensationelle Veränderungen

...Der Kleriker

Noch' n Denkmalvorschlag,
Horst Haitzinger 1988

„Wer besitzt denn hier die unglaubliche Geschmacklosigkeit,
zu behaupten, ich hätte etwas unkeusches getan!",
Horst Haitzinger 1983

Moses in der Wüste?, Horst Haitzinger 1983
Die CSU zeigt sich enttäuscht über ausbleibende Gegenleistungen der DDR für den Milliardenkredit

Die (ständige) Versuchung des heiligen Hans-Dietrich, Horst Haitzinger 1982
Die Union wirbt um die F.D.P.

1952 1953

5. Juli 1952
Der Parteitag in Regensburg wählte Franz Josef Strauß zum stellvertretenden Parteivorsitzenden, eine Funktion die er bis zum 18. Mai 1961 ausübte.

5. Dezember
Bundestagsrede zum Deutschland- und EVG-Vertrag

18. Februar 1953
Erster Auftritt als Redner beim Politischen Aschermittwoch in Vilshofen

März/April
Reise zu Informationsgesprächen über die Verteidigungspolitik in die USA

6. September
Bei der Wahl zum 2. Bundestag erreichten in Bayern CSU 47,8% (im Bundesdurchschnitt 8,8%), SPD 23,3%, FDP 6,2%, BP 9,2%, GB/BHE 8,2%.
Franz Josef Strauß wurde Vorsitzender der CSU-Landesgruppe (bis 20. Oktober), er lehnte das von Konrad Adenauer angebotene Bundesministerium für Familienfragen ab.

...Der Kasperlspieler

Dieter Hanitzsch 1982

1953 1957

Hampelmann, Dieter Hanitzsch (vor 1979)

20. Oktober 1953
Eintritt ins Kabinett als Bundesminister für besondere Aufgaben

20. Oktober 1955
Übernahme des Bundesministeriums für Atomfragen

26. Januar 1956
Bundesminister Strauß übernahm bis zum Ende seiner Amtszeit den Vorsitz in der von ihm konstituierten Atomkommission.

14. Juni
Amerikareise, Verleihung der Ehrendoktorwürde der juristischen Fakultät der Universität Detroit

16. Oktober
Franz Josef Strauß löste Theodor Blank als Bundesminister der Verteidigung ab. In dieser Funktion war er bis 14. Dezember 1962 tätig.

31. Januar 1957
Bundestagsrede zur Sicherheitspolitik und zur Wiedervereinigung Deutschlands

26. März
Ehrenbürger der Stadt Izmir/Türkei

„Keinesfalls lassen wir uns von denen zum Narren halten", Herbert Kolfhaus 1976

...Der Schauspieler

„Mister President, um böswilligen Gerüchten um einen deutschen Antiamerikanismus entgegenzutreten...", Horst Haitzinger 1982

Herbe Beurteilung. Strauss: „- und ich sage: taubes Gestein, keinen Heller wert!“, Herbert Kolfhaus 1968

Die Stararie. „Nie sollt ihr mich befragen -“, Herbert Kolfhaus 1968

1957 1959

4. Juni 1957

Franz Josef Strauß heiratete Marianne Zwicknagl (geb. 21. April 1930, gest. 22. Juni 1984). Ihre Eltern waren Max und Ilse Zwicknagl, geb. Klöckner, ihre Schwestern Brigitte und Renate.
Das Abitur machte Marianne Zwicknagl am Maximilians-Gymnasium in München; anschließend Studium und Abschluss als diplomierte Volkswirtin; zusätzlich legte sie das Dolmetscherexamen für Französisch und Englisch ab.

15. September

Bei der Wahl zum 3. Bundestag erreichten in Bayern: CSU 57,2% (im Bundesdurchschnitt 10,5%; die CSU kandidierte bei dieser Wahl auch im Saarland), SPD 26,4%, FDP 4,6%, BP/FU 3,2%, GB/BHE 6,8%
CDU und CSU errangen mit 50,2% die absolute Mehrheit im Deutschen Bundestag. Strauß gehörte dem Kabinett Adenauer II wieder als Verteidigungsminister an.

31. Januar 1958

Verleihung des Großkreuzes des Verdienstordens der Bundesrepublik Deutschland

Frühjahr 1959

Ernennung zum Ehrenbürger der Stadt Chicago

Playboy, Dieter Hanitzsch

1959
1961

Bayerisches Fernsehen... ...Modell F.J. Strauß,
Ernst Maria Lang 1971

„Wasser - endlich Wasser!",
Herbert Kolfhaus 1980

24. Mai 1959
Geburt des ersten Sohnes Max Josef

11. September
Verleihung der Goldenen Ehrenmedaille der Stadt Schongau

26. Oktober
Verleihung des Bayerischen Verdienstordens

18. März 1961
Franz Josef Strauß wurde mit 94,8% der Stimmen zum Parteivorsitzenden der CSU gewählt. Er übernahm den Vorsitz von Hanns Seidel, der am 20. Januar wegen einer schweren Krankheit zurückgetreten war und bereits am 5. August 1961 verstarb. Franz Josef Strauß selbst blieb bis zu seinem Tod 1988 in dieser Funktion.

5. Mai
Geburt des zweiten Sohnes Franz Georg

17. September
Bei der Wahl zum 4. Bundestag erreichten in Bayern: CSU 56,4% (im Bundesdurchschnitt 9,6%), SPD 29,0%, FDP 8,4%. Zwischen der vierten und fünften Wahlperiode, von Februar 1963 bis Februar 1967, gehörte Franz Josef Strauß als ordentliches Mitglied wiederum dem Ausschuss für auswärtige Angelegenheiten bzw. dem Auswärtigen Ausschuss an.

Sandmännchen ist wieder da, Horst Haitzinger 1982
Strauß geht auf Distanz zur Bonner Regierung

„Pfalzgraf ! Werde Hart !“,
Herbert Kolfhaus 1976

Schiller: „Ich lasse den Freund dir als Bürgen: Ihn magst du, entrinn´ ich, erwürgen.“ (Die Bürgschaft),
Herbert Kolfhaus 1967

1962 1963

10. Juni 1962
Ehrenpromotion des Kalamazoo-College, Michigan (Dr. jur. h.c.)

14. Juni
Ehrenpromotion des Case Institute of Technology, Cleveland (Dr. jur. h.c.)

2. Juli
Geburt der Tochter Monika

25. November
Trotz der schwelenden „Spiegel-Affäre“ erreichte die CSU bei den Landtagswahlen in Bayern erstmals mit 108 von 204 Sitzen die absolute Mehrheit im Landtag (CSU 47,5%, SPD 35,3%, FDP 5,9%, BP 4,8% DP/BHE 5,1%).

30. November
Rücktritt vom Amt des Bundesverteidigungsministers in Folge der „Spiegel-Affäre“, jedoch Weiterführung der Geschäfte bis Januar 1963

22. Januar 1963
Wahl zum Vorsitzenden der CSU-Landesgruppe und am

23. Januar
zum stellvertretenden Vorsitzenden der CDU/CSU-Bundestagsfraktion. Beides blieb er bis zum 1. Dezember 1966.

...Der Musiker

Bonner närrische Tage. Das kommt gar manchem spanisch vor!, Herbert Kolfhaus 1960
Bundesverteidigungsminister Strauß führt in Spanien Sondierungsgespräche wegen Nachschubdepots für die Nato, ohne die einzelnen Natostaaten zu unterrichten

Wieder mal den Passauer Marsch geblasen, Herbert Kolfhaus 1978

„Was Ermutigendes, Optimistisches-etwas, was sie vom Sessel reisst!", Herbert Kolfhaus 1980

1963 1966

Der Sturmglöckner von Vilshofen, Herbert Kolfhaus 1972

Vilshofener Aschermittwoch.
Ein jeder sucht mit aller Kraft, daß er noch lautre Töne schafft,
Herbert Kolfhaus 1955

November 1963

Franz Josef Strauß immatrikulierte sich bis 1967 an den Universitäten in München und Innsbruck in den Fächern Betriebswirtschaft und Staatswissenschaften in der Absicht, eventuell eine akademische Laufbahn einzuschlagen.

10. Juni 1964

Ehrenpromotion durch die De Paul University Chicago (Doctor of Letters)

19. September 1965

Bei der Wahl zum 5. Bundestag erreichten in Bayern: CSU 55,6% (im Bundesdurchschnitt 9,6%), SPD 33,1%, FDP 7,3%, NPD 2,7%.

1. Dezember 1966

Nach dem Rücktritt von Bundeskanzler Ludwig Erhard bildeten CDU/CSU mit der SPD die Große Koalition unter Bundeskanzler Kurt Georg Kiesinger. Herbert Wehner und Franz Josef Strauß waren am Zustandekommen beteiligt. Strauß übernahm das Bundesministerium der Finanzen (bis 20. Oktober 1969).

...Der Dompteur

Marsch auf Bonn, Horst Haitzinger 1983
Strauß erobert Bonn ebensowenig wie Hannibal Rom

Strauss: „Grüass God und an guat'n Rat, Herr Mende: - net reiz'n!",
Herbert Kolfhaus 1962

Sprechstunde in der Staatskanzlei, Dieter Hanitzsch

1967
1969

12. April 1967
Bundestagsrede zur Einführung der Mehrwertsteuer

19. April
Konrad Adenauer starb im Alter von 91 Jahren.

6. September
Bundestagsrede zur Mittelfristigen Finanzplanung

14. Dezember 1968
Die CSU gibt sich, nach 1957, ein neues Grundsatzprogramm.

12. Mai 1969
Die Finanzverfassungsreform trat in Kraft (Grundgesetzänderung).

28. September
Bei der Wahl zum 6. Bundestag erreichten in Bayern: CSU 54,4% (im Bundesdurchschnitt 9,5%), SPD 34,6%, FDP 4,1%, BP 0,9%, NPD 5,3%.
Aufgrund der Koalitionsverhandlungen kam es erstmals zur Bildung einer Regierung aus SPD und FDP. Obwohl die CDU/CSU die stärkste Fraktion im Bundestag stellte, wurde Willy Brandt mit den Stimmen der Koalitionspartner zum Bundeskanzler gewählt. CDU/CSU stellten die Opposition im Parlament.

ohne Titel, Horst Haitzinger

„Könnt's mir noch folgen?", Herbert Kolfhaus 1978

„Denk dir nix, Franz Josef - du hast ja noch mi!", Herbert Kolfhaus 1980
Strauß bleibt nach der Niederlage bei der Bundestagswahl 1980 Bayerischer Ministerpräsident.

Roß und Reiter, Dieter Hanitzsch

„Zum letzten Mal im Guten – RRRaus!“, Herbert Kolfhaus 1976
Die rechtskonservative Aktionsgemeinschaft Vierte Partei (AVP) will an der Bundestagswahl 1976 teilnehmen.

„Wenn er auch a bisserl knurrt - Hauptsach' er folgt brav!“, Herbert Kolfhaus 1976

1969 1970

20. Oktober 1969

Franz Josef Strauß wirkte als finanz- und später als finanz- und wirtschaftspolitischer Sprecher der Unionsfraktion; gleichzeitig war er Mitglied des CDU/CSU-Fraktionsvorstandes. Darüber hinaus wurde er bis zu seinem Ausscheiden am 29. November 1978 in zwei parlamentarischen Ausschüssen als Mitglied bzw. stellvertretendes Mitglied aufgeführt.

30. Oktober

Antwort auf die Regierungserklärung von Bundeskanzler Willy Brandt

18. Dezember 1970

Gründung eines internationalen Firmenkonsortiums „Airbus Industrie“ durch Deutschland und Frankreich: Den Vorsitz im Aufsichtsrat der neuen Gesellschaft übernahm Franz Josef Strauß, der zu diesem Zeitpunkt bereits Vorsitzender des Aufsichtsrats der „Deutschen Airbus“ und seit der Zeit als Bundesminister für Finanzen mit diesem bedeutenden Zivilflugzeugprogramm der europäischen Luftfahrtindustrie befasst war.

...Der Kämpfer

Aufmarsch abgeschlossen, Herbert Kolfhaus 1980

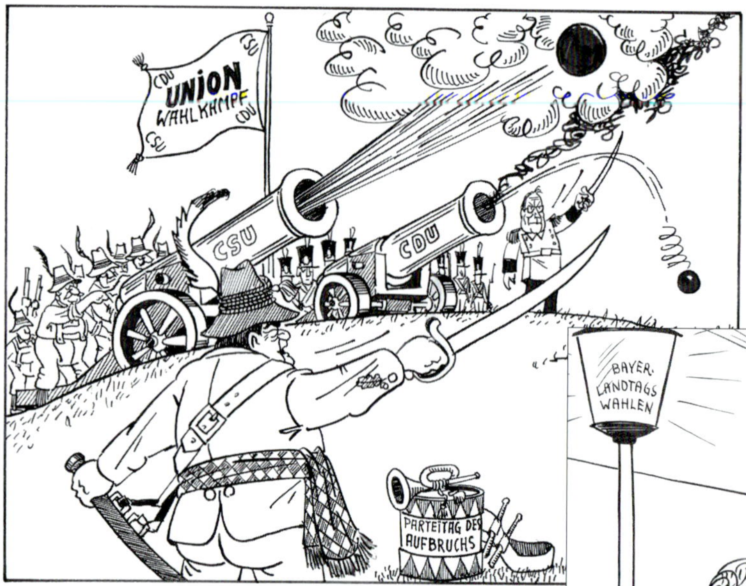

„Auf geht's, Leit! Ganze Batt'rie - Feuer!",
Herbert Kolfhaus 1980

Die bayerische Soldatenbraut. „Allwei' die Pflicht ruft - da hat ma oan un' hat doch koan!",
Herbert Kolfhaus 1962

1971 1972

Strategiegespräch „ I hör euch heut' scho seufzen : ich wollt' es wäre Nacht, oder die Bayern kämen!" , Herbert Kolfhaus 1977

„Staad - abwart'n ob's näher kemma", Herbert Kolfhaus 1976

14. Mai 1971

In seiner Funktion als Parteivorsitzender führte Franz Josef Strauß mit der Ernennung von Florian Harlander offiziell das Amt des CSU-Landesgeschäftsführers ein, das seither fester Bestandteil der Parteiorganisation ist. Als CSU-Generalsekretär wurde gleichzeitig Gerold Tandler berufen.

24. Februar 1972

Bundestagsrede zu den Ostverträgen

27. April

Das konstruktive Misstrauensvotum der CDU/CSU gegen Bundeskanzler Willy Brandt scheiterte.

26. August

Eröffnung der XX. Olympischen Spiele in München und Kiel

22. September

Bundestagsrede zur Vertrauensfrage von Bundeskanzler Willy Brandt: Die Vertrauensfrage wurde mit 233 : 248 Stimmen abgelehnt, es kam zu vorzeitigen Neuwahlen.

19. November

Bei der Wahl zum 7. Bundestag erreichten in Bayern: CSU 55,1% (im Bundesdurchschnitt 9,7%), SPD 37,8%, FDP 6,1%.

...Der Sportler

Abkühlung erhofft, Herbert Kolfhaus 1969

Wer ist der Sieger?, Josef Blaumeiser

Politischer Lebenslauf, Dieter Hanitzsch 1989

1973 1974

Mai 1973

Auf Drängen von Franz Josef Strauß erhob die Bayerische Staatsregierung unter Ministerpräsident Alfons Goppel Klage vor dem Bundesverfassungsgericht in Karlsruhe gegen den Grundlagenvertrag mit der DDR vom 21. Dezember 1972. Der Antrag auf einstweilige Anordnung gegen das Inkrafttreten des Grundvertrages datierte dabei auf den 23. Mai, während der Antrag auf Normenkontrollklage das Datum des 28. Mai aufwies.

16. Mai 1974

Helmut Schmidt löste Willy Brandt nach dessen Rücktritt im Zusammenhang mit der „Guillaume-Affaire" als Bundeskanzler ab.

5. Juni

Bundestagsrede zur Steuerreform

27. Oktober

Bei den Landtagswahlen in Bayern erreichte die CSU mit 62,1% der Stimmen ein Rekordergebnis. Die SPD kam auf 30,2% und die FDP 5,2%.

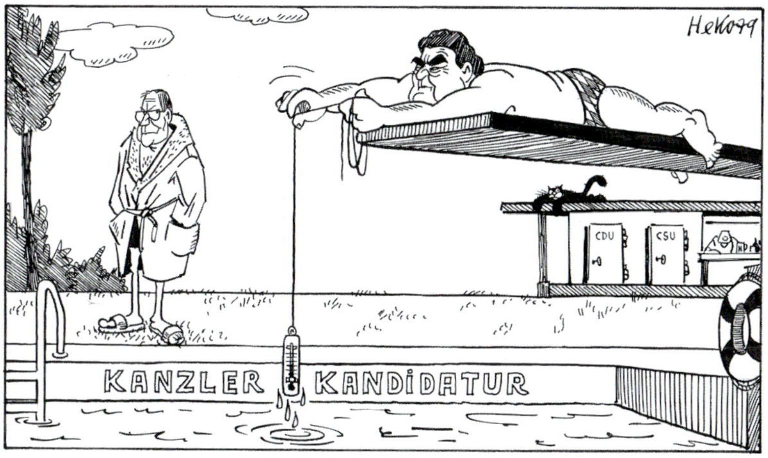

„Sobald's net zu kalt, net zu warm und net zu nass is!", Herbert Kolfhaus 1979
Die Kanzlerkandidatur und die unentschiedenen Kandidaten der Opposition Strauß und Kohl

Aerobic, Dieter Hanitzsch

...Der Wegbereiter

„So, jetzt such' dir deinen Schutzengel aus!", Horst Haitzinger 1983
Nach einem teilweise sehr verletzend geführten Wahlkampf steht der Bundesbürger am 6. März 1983 vor der Entscheidung

„Ihr Pfuscher!"- „Ihr Saboteure", Herbert Kolfhaus 1976

„Du Spinner; begreif endlich, dass wir hier eingemauert sind!", Horst Haitzinger 1986
Das hessische Umweltministerium unter Joschka Fischer entwirft ein Konzept zum Ausstieg aus der Kernenergie.

„Ein- und ausmarschbereit", Herbert Kolfhaus 1976

1975
1976

12.-27. Januar 1975
Zum ersten Mal reiste Franz Josef Strauß in die Volksrepublik China. Dabei wurde er auch von Mao Tsetung empfangen. Eine weitere Reise folgte im September des gleichen Jahres.

12. Februar
Wegen des großen Publikumsandrangs bei den Reden des Parteivorsitzenden Franz Josef Strauß am Politischen Aschermittwoch in Vilshofen verlegte die CSU die Veranstaltung nach Passau in die Nibelungenhalle.

8. September
Die Mittenwalder Gebirgsschützen ernannten Franz Josef Strauß zum Ehrenoffizier.

12./13. März 1976
Der Parteitag verabschiedete das neue Grundsatzprogramm der CSU.

3. Oktober
Bei der Wahl zum 8. Bundestag erreichten in Bayern: CSU 60,0% (im Bundesdurchschnitt 10,6%), SPD 32,8%, FDP 6,2%.

...Der Mobilist

Aufs Gleis gestellt..., Ernst Maria Lang 1979

„Pfüad Eich - !", Herbert Kolfhaus 1976
Die Diskussion über die Vierte Partei kurz vor dem Kreuther Trennungsbeschluss.

„Sie fuhren genau richtig, nur der Baum stand falsch!", Horst Haitzinger 1980
CSU-Generalsekretär Stoiber bescheinigt seinem Vorsitzenden, die CSU im Wahlkampf optimal geführt zu haben.

1976
1978

„Dem werden wir zeigen, wer hier Vorfahrt hat!“,
Horst Haitzinger 1982
Die kränkelnde F.D.P. erklärt die CSU zu einem Hauptgegner im Wahlkampf

Bonner Jagdszenen: Stoppt Strauß!, Herbert Kolfhaus 1980

„Hinten links hat er zu wenig Profil Helmut!“, Herbert Kolfhaus 1979

19. November 1976

„Kreuther Beschluss“: Auf ihrer Klausurtagung in Wildbad Kreuth beschloss die CSU-Landesgruppe, die Fraktionsgemeinschaft mit der CDU-Fraktion für die 8. Legislaturperiode nicht mehr fortzusetzen. Die Entscheidung fiel mit 30:18 Stimmen, bei einer Enthaltung und einer ungültigen Stimme. Hintergründe dieses Beschlusses waren die Meinungsverschiedenheiten zwischen CDU und CSU, u.a. über das Verhältnis zur FDP, die unterschiedlichen Auffassungen über die Oppositionsarbeit sowie über strategische Überlegungen über eine Neuorientierung der Parteienlandschaft mit einer eventuellen Ausdehnung der CSU als Vierte Partei auf das Bundesgebiet. Im Dezember wurde der Trennungsbeschluss von der CSU-Landesgruppe aufgehoben.

18. November 1977

Ehrenprofessur der Universidad de Chile (Professor Honorario de la Facultad de Derecho)

24. April 1978

Gründung der Europäischen Demokratischen Union (EDU) in Schloss Kleßheim bei Salzburg und Formulierung der „Kleßheimer Erklärung“

...Die kleine Schwester

Kohlverkäufer, Josef Blaumeiser

1978

Störrischer Sünder, F. J .Strauß: "Und i mag net beicht'n", Ernst Maria Lang 1983

Helmut Kohl: „Irgendwie riecht's komisch...", Ernst Maria Lang 1982

21. September 1978
Aussprache über den Bundeshaushalt 1979

15. Oktober
Bei der Landtagswahl in Bayern erreichte die CSU 59,1% (SPD 31,4%, FDP 6,2%, BP 0,4%, NPD 0,6%), wobei Franz Josef Strauß als Spitzenkandidat in Oberbayern kandidierte. Sein zu diesem Zeitpunkt noch wahrgenommenes Bundestagsmandat legte er am 29. November nieder und beendete damit nach 29 Jahren seine Tätigkeit als Bundespolitiker.

6. November
Mit 125 Ja-Stimmen bei 71 Nein-Stimmen und 4 ungültigen Stimmen erfolgte die Wahl von Franz Josef Strauß zum Bayerischen Ministerpräsidenten.

7. November
Vorstellung des ersten Kabinett Strauß: Es umfasste insgesamt 18 Mitglieder, wovon 13 Mitglieder bereits der Regierung seines Vorgängers Alfons Goppel angehört hatten.

„Alles Klar, Partner?", Herbert Kolfhaus 1976

„Is des ois?!", Herbert Kolfhaus 1979
Zu den Wahlergebnissen der CDU bei den Landtagswahlen in Rheinland-Pfalz und in Berlin.

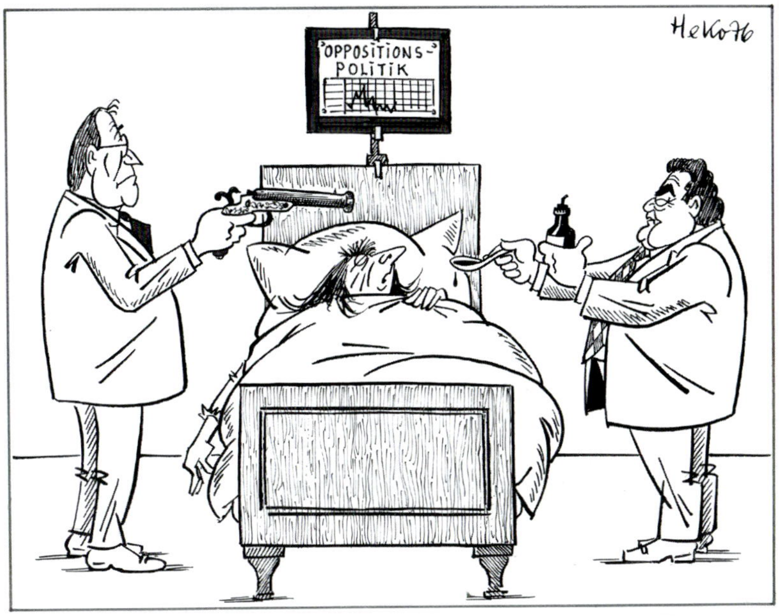

Kreuther Tropfen „Es ist Arznei, nicht Gift, was ich ihr reiche - „ (Frei nach Lessing), Herbert Kolfhaus 1976

Heißer Draht nach Ostberlin, Helmut Kohl:
"Und einen schönen Gruß an dich vom Erich...", Ernst Maria Lang 1983

1979 1980

1979
Ab diesem Jahr besuchte der Bayerische Ministerpräsident regelmäßig die Mandatsträger in ihren Wahlkreisen zu Gesprächen.

2. Juli
Nominierung durch die CDU/CSU-Bundestagsfraktion als gemeinsamer Kanzlerkandidat für die Bundestagswahl 1980

20./21. Juli
Besuch des chinesischen Partei- und Regierungschef Hua Guofeng in München

27. Juli
Umsetzung der im Wahlkampf versprochenen Korrekturen der Gemeindegebietsreform von 1972

21./22. September
Offizieller Aufenthalt des italienischen Staatspräsidenten Sandro Pertini in München

28./29. September
Bei den anstehenden Wahlen zum Parteivorstand erhielt der Kanzlerkandidat Franz Josef Strauß mit 99% das bis heute beste Wahlergebnis aller Parteivorsitzenden der CSU.

8. März 1980
Amerikareise, u.a. Verleihung der Ehrendoktorwürde (Dr. jur. h.c.) der Universität Dallas am 15. März

„Mei schee - a richtig's Bildhauertalent is unser Edmund, gell, Vadda?", Herbert Kolfhaus 1980

Frosteinbruch in der Parteienlandschaft - Kalte Füße allerseits, Herbert Kolfhaus 1976

...Der Tierische

Strauß-Wespe,
Josef Blaumeiser

1980

8. Mai

Nach der monatelang geführten öffentlichen Diskussion um eine Vereinheitlichung der Feiertage in Bayern setzte Franz Josef Strauß die von der CSU intern in einem Kompromissvorschlag formulierte Lösung um.

5. Oktober

Bei der Wahl zum 9. Bundestag erreichten in Bayern: CSU 57,6% (im Bundesdurchschnitt 10,3%), SPD 32,7%, FDP 7,8%.
Der Kanzlerkandidat der Union und Bayerische Ministerpräsident Franz Josef Strauß fand ebenso entschiedene Befürworter wie fanatische Gegner. Der Wahlkampf war emotionell stark aufgeladen, ähnlich wie 1969 und 1972. Unterschiedliche gesellschaftliche Gruppen engagierten sich leidenschaftlich für ihren jeweiligen Kandidaten. Für beide Bewerber (für die SPD Bundeskanzler Helmut Schmidt) wurden Initiativen gegründet: Für die Regierungskoalition warben Künstler und Intellektuelle, die Strauß häufig verunglimpften. Für Strauß, den Bewerber der Opposition, machten sich Bürgerinitiativen wie etwa die Initiative „Nordlichter für Strauß“ oder Spitzensportler stark. Auf Bundesebene erreichten CSU und CDU (lediglich 34,2%) zusammen 44,5% und lagen damit vor der Regierungspartei SPD mit 42,9%.

CSU-Roßkur 1966, Ernst Maria Lang 1966

„Hauptsach' wir geh'n miteinander am selben Zügel, net wahr?", Herbert Kolfhaus 1979

Versöhnung, Horst Haitzinger 1976
Nach der Rücknahme des Kreuther Beschlusses fühlen sich sowohl Strauß als auch Kohl als Sieger

1980 1981

Die Regierung bildeten jedoch wieder SPD und FDP (10,6%), die zusammen 53,5% der Stimmen erreichten. Strauß, der sowohl als Direktkandidat des Wahlkreises Weilheim wie auch auf Platz 1 der Landesliste kandidiert hatte, nahm diese Wahl im Hinblick auf sein Amt als Bayerischer Ministerpräsident nicht an.

10. März 1981

Die Fraktionen von CSU und SPD im Bayerischen Landtag protestierten gegen Pläne der Bundesregierung, die Mittel zur Fertigstellung des Rhein-Main-Donau-Kanals zu kürzen.

15. Juli

Durch Stadtratsbeschluss wurde Franz Josef Strauß Ehrenbürger der Stadt München. Die entsprechende Urkunde vom 6. September wurde am 1. Oktober im Rahmen einer Feierstunde überreicht.

24. November

Gespräch mit dem Generalsekretär der KPdSU Leonid Breschnew auf Schloss Gymnich.

18.-22. November

Franz Josef Strauß besuchte zum dritten Mal China.

„Also los, wir küssen ihn jetzt so lange, bis er wieder bayerischer König ist!", Horst Haitzinger 1988
April 1988: Das Magazin „Soziale Ordnung" der CDU-Sozialausschüsse hatte Strauß als raunzenden Kröterich bezeichnet.

„Küsse mich, und ich verwandle mich in einen wunderschönen Bundeskanzler!", Horst Haitzinger 1979
In der CDU regt sich Widerstand gegen eine Kanzlerkandidatur von Strauß

Quäle nie ein Tier zum Scherz!, Horst Haitzinger 1983
August 1983 : Wirtschaftsminister Graf Lambsdorff kritisiert in mehreren Interviews den CSU-Vorsitzenden.

Ohne Titel, Dieter Hanitzsch

1982

ohne Titel, Dieter Hanitzsch

„Sie haben sich irgendwie verändert, Herr Oberförster!", Horst Haitzinger 1980
Die CDU muß bei den Landtagswahlen in Nordrhein-Westfalen
Verluste hinnehmen.

1. Oktober

Helmut Kohl wurde durch ein Konstruktives Misstrauensvotum gegen Helmut Schmidt zum Bundeskanzler gewählt (256 : 235 Stimmen).

10. Oktober

Landtagswahl in Bayern: CSU 58,3%, SPD 31,9%, FDP 3,5%, Die Grünen 4,6%; die FDP konnte für zwei Legislaturperioden nicht mehr in den Landtag einziehen (bis 1990). Franz Josef Strauß kandidierte wie schon 1978 als Spitzenkandidat in Oberbayern.

26. Oktober

Wiederwahl von Franz Josef Strauß als Ministerpräsident

17. Dezember

Durch die Vertrauensfrage bewirkte Bundeskanzler Helmut Kohl die vorzeitige Auflösung des Bundestages. Für die anstehende Neuwahl wurden unterschiedliche Termine diskutiert. So forderte etwa Franz Josef Strauß die Wahl noch vor Ende des Jahres durchzuführen, während Helmut Kohl einen Termin im Frühjahr 1983 favorisierte.

Hannes Burger

Franz Josef Strauß – der Gezeichnete

Nubes atrae in caelo convolvi videbantur...
Man sah, dass sich schwarze Wolken am Himmel zusammenballten..., Dieter Hanitzsch

„Manderl-Maler" haben wir Redakteure und schreibenden politischen Kommentatoren der Süddeutschen Zeitung die Karikaturisten gern spöttisch genannt. In den 22 Jahren, in denen ich der SZ-Redaktion angehört habe (1968-1990), war ich mit allen „unseren" Karikaturisten und auch einigen von anderen Münchner Zeitungen gut bekannt und mit den meisten befreundet – soweit sie noch leben bis heute. Die SZ hat schon früh das Stilmittel gezeichneter Meinungsbeiträge besonders pflegt, ja kultiviert. Wenn wir sie als „Manderl-Maler" begrüßt haben, war den Karikaturisten aber immer bewusst, dass unser freundschaftliches Frotzeln nicht als respektlose Geringschätzung der zeichnenden Kommentatoren-Kollegen gemeint ist.

Die politische Karikatur gehört in der Presse zu den Meinungsbeiträgen über politische Zustände, Ereignisse oder Personen. Sie ist ein Kommentar – wie Leitartikel, Editorial oder Glosse von uns als schreibender Zunft – nur halt mit anderen Mitteln. Wo wir für eine bewertende Aussage viele Sätze brauchen, da müssen sie diese mit wenigen Strichen im Bild auf den Punkt bringen. Zunächst einmal ist die politische Karikatur eine Zeichnung, eine kolorierte Zeichnung oder ein gemaltes Farbbild; Karikaturen unterscheiden sich zwar grundsätzlich von bloßen Illustrationen, Witz-Zeichnungen und auch von gesellschaftskritischen oder satirischen Cartoons. Aber Überschneidungen sind möglich, denn auch kritische Cartoons können politische Kommentare sein ebenso wie Karikaturen in politischen Büchern auch als Illustrationen

dienen können. Ich habe in mehreren meiner Bücher Cartoons von Josef Blaumeiser und teilweise „alte", aber zum Thema passende Karikaturen von Dieter Hanitzsch als Illustration verwendet. Vor allem karikierende Porträts von Politikern oder bekannten Zeitgenossen eignen sich als zeitlose Illustrationen.
Für einen gezeichneten Kommentar zum politischen Zeitgeschehen braucht der Karikaturist die gleichen aktuellen Nachrichten und Hintergrund-Informationen zur Bewertung wie schreibende Kollegen. Aber auch der Karikaturist bringt seine politische Einstellung, Weltanschauung und Vorurteile mit in seine Bilder ein. Diese müssen wiederum mit dem vorherrschenden Meinungsbild der Zeitung (Verleger oder Redaktion), für die einer arbeitet, einigermaßen harmonieren.

In einer Zeitung, die Franz Josef Strauß, seine Partei und die CSU-Politik durchgehend kritisiert oder gar bekämpft, kann ein Karikaturist Strauß nicht im Ernst nur ironisch, als edle staatsmännische Gestalt zeichnen, die auch noch öfter Recht hat, als sie Recht bekommt; dann müssten ja seine Gegner und Rivalen als bissige Lemuren oder dumme politische Falschfahrer dastehen, was im Widerspruch zum Text daneben stünde. Umgekehrt druckt eine Zeitung, die der Union nahesteht, kaum eine Karikatur, die Strauß so dämonisiert wie es in linken Parteien und Medien üblich war. Darum geht fast jeder Zeichnung ein Gespräch des Karikaturisten mit dem zuständigen Redakteur voraus, in dem das Thema und die Meinung dazu im Prinzip abgesprochen werden. Wenn man sich einmal nicht einig wird, weicht man eben auf ein anderes Thema aus.

Wenn man sich zu oft nicht einig wird, fliegt der Karikaturist. Seine Meinungsfreiheit ist nicht größer als die von uns Redakteuren: Jeder geht von Haus aus zu einer Zeitung, mit der er überwiegend übereinstimmt. Oder die ihn seine Meinung frei zum Ausdruck bringen lässt, wenn auch nicht immer jede. Mit allen Meinungen in einer Zeitung können sich wohl die wenigsten Autoren oder Zeichner identifizieren; entscheidend ist immer die liberale Bandbreite in der Redaktion.

1983

6. März

Wahl zum 10. Bundestag; das Ergebnis in Bayern: CSU 59,5% (im Bundesdurchschnitt 10,6%), SPD 28,9%, FDP 6,2%, Die Grünen 4,7%. Franz Josef Strauß, der letztmals als Direktkandidat in seinem Wahlkreis Weilheim kandidierte, nahm trotz eines Stimmenanteils von 68,8% die Wahl nicht an, führte aber die Koalitionsverhandlungen für die CSU, die mit 10,6% der Stimmen bundesweit besser als die FDP mit 7,0% abgeschnitten hatte.

29. Mai

Ehrendoktorwürde der Universität Maryland Heidelberg

1. Juli

Die DDR erhielt einen Bankkredit über eine Milliarde DM, den Strauß auf Bitten der damaligen DDR-Führung vermittelte.
Im gleichen Monat besuchte Franz Josef Strauß die Tschechoslowakei, Polen und die DDR und erreichte bei Gesprächen einige Erleichterungen (u.a. Ausreisen) für die Menschen in Mitteldeutschland und im innerdeutschen Reiseverkehr.

Es gibt allerdings auch Karikaturisten, die immer nur die vom Auftraggeber vorgegebene Meinung in Zeichnungen umsetzen. Oder das mangels Toleranz müssen. So hätte sich Dieter Hanitzsch im sehr einseitig linken München- und Bayernteil der SZ wohl sicher nicht lange halten können, wenn er in München den sozialistischen OB Christian Ude kritisch dargestellt hätte. Darum war es für ihn und andere Karikaturisten immer wichtig, nicht von einer Redaktion abhängig zu sein, sondern auch anderswo abweichende Kommentare zu zeichnen und sich in eigenen Büchern frei entfalten zu können. Nur so kann man seine eigene Balance halten.

Neue tagespolitische Themen, zu denen ein Karikaturist von sich aus (noch) keine Meinung hat, muss er sich erst erarbeiten oder Informationen von der Redaktion einholen. Josef Blaumeiser war wenig tagespolitisch interessiert und informiert. Wenn die Abendzeitung eine Karikatur zu einem aktuellen Thema bei ihm bestellte, hat er oft bei mir oder unserem Freund Ernst Fischer (damals Chef der AZ-Nachrichten-Redaktion) angerufen und gefragt: Was ist da los? Um was geht es in diesem Konflikt oder jenem Gipfeltreffen? Was haltet ihr davon? Wer sind die Guten, wer die Schurken? Dann hat er das mit präzisem Stift festgehalten und auch für die Leser verständlich in Szene gesetzt.
Der Begriff Karikatur bedeutet laut Duden „Zerrbild, Spottbild, Fratze" und karikieren heißt dort „verzerren, zur Karikatur machen". Damit hat die Karikatur eine vorwiegend negative Bedeutung ähnlich wie unter geschriebenen Meinungsbeiträgen die Glosse. Etwas oder jemanden glossieren, beinhaltet wie die Karikatur: verzerren durch ironisches Überhöhen und spöttisches Entlarven. Man kann durch Übertreiben ad absurdum führen oder etwas bildhaft in passende Sondersprachen – wie Jägerlatein, Fußball-Jargon, Märchen-, Küchen- oder Kirchensprache – übersetzen: im Bild bleiben.

Ernst Maria Lang hat einmal einen Karikaturenband treffend mit „Die Gezeichneten" betitelt. Die haben keine Schmeicheleien zu erwarten, sondern Stiche mit dem Stift oder der Feder, die auch schmerzen können. In Karikaturen werden Politiker in klischeehafte Rollen kostümiert: der eine zum Riesen aufgebläht, der andere zum Zwerg geschrumpft, hier ein Kraftlackl im Querformat, dort ein mageres aktenfressendes Bürokrischperl, eine Politikerin zur gemütlich runden Tomate, eine andere zur pedantisch dürren Bohnenstange oder Brillenschlange. Die so aufgebauten und wiederholten Klischees von Politikern werden dann weitergepflegt und verbreitet, solange diese Politiker in einem öffentlichen Amt bleiben und der gleiche Zeichner sie karikiert. Damit drücken Karikaturisten den Politikern mit den Rollen auch Stempel auf, die diese nicht mehr loswerden. Deshalb bleiben sie und erst recht ein so oft karikierter Franz Josef Strauß in dem von Lang gewollten doppelten Wortsinn immer „Die Gezeichneten"!

Der Karikaturist ist auch nur ein Mensch, darum hat er auch Vorlieben und Abneigungen gegenüber Personen, nicht nur weil die einen Politiker leicht wiedererkennbar zu karikieren sind, andere dagegen nur kompliziert mit Extra-Merkmalen gekennzeichnet werden müssen. In der Darstellung von Personen spiegelt sich die Zu- oder Abneigung von Karikaturisten wegen ihrer generellen politischen Haltung oder der Gesamtrichtung ihrer Partei wider. Wen man mag, den kritisiert oder karikiert man milder, fast pädagogisch korrigierend, jedenfalls anders als Leute, die man von Haus aus nicht leiden kann. Je nach der Grundrichtung von Politikern fallen Zerrbilder über sie lustiger oder boshafter aus, abwertend bis zur Beleidigung oder gar Diffamierung.

Wirklichen Schaden anrichten kann vielleicht nur eine dauerhafte falsche Darstellung als Bösewicht; steter Tropfen höhlt da mitunter auch das Hirn. Es ist allerdings ohnehin ein weit verbreiteter Irrglaube, dass die „Meinungsmacher" – also wir politischen Journalisten mit Karikaturisten und Kabarettisten – wirklich im Volk „die Meinung machen". Die meisten Menschen lesen von Haus aus nur Zeitungen, in denen sie vorwiegend ihre eigene Meinung bestätigt bekommen. Linke Wähler gehen gern in Kabaretts, um sich darüber zu amüsieren, dass von ihnen nicht gewählte, aber regierende Politiker „eins auf den Deckel kriegen". Konservative Bürger gehen da meist gar nicht erst hin.

Dass geschriebene, gespielte oder gezeichnete Meinungsbeiträge die vorgeprägten Ansichten jemals abändern oder gar umdrehen, halte ich für eine Illusion. Einen Wechsel der politischen Meinung zum Wählen anderer Parteien erreicht man nur durch nachhaltige, sachliche Informationen, aufgrund derer beim Leser das Fass überläuft. Nur aufgrund von Fakten wechselt einer seine Meinung, Partei oder Zeitung. Wenn „Meinungsmacher" nur kritisieren, aber keine Alternative bieten können, resignieren die Bürger nur: Sie gehen nicht mehr zur Wahl und brauchen keine Zeitung mehr.

Ich kenne keinen Karikaturisten in Bayern, der über mal milde, mal harte Kritik an CSU-Politik hinaus jemals eine Oppositionspartei gelobt oder gar als Alternative an den weißblauen Horizont gemalt hätte. Bis ein Karikaturist den jeweiligen „Hoffnungsträger" der bayerischen SPD mit dem Stift halbwegs im Griff hat, ist der hoffnungslos ausgewechselt. An positive Darstellungen bayerischer Oppositionsführer gegen Strauß und danach gegen Waigel, Streibl und Stoiber kann ich mich nicht erinnern. Wohin soll der Bürger dann seine Meinung wechseln? Da überschätzen sich wohl viele „Meinungsmacher" in ihrer Wirkung beim Volk.

Das satirische Zerrbild gehört ja auch zum Handwerk politischer Kabarettisten und kommt dem richtig verstandenen bayerischen „Derblecken" (nicht Niedermachen und Abwatschen) sehr nahe. Vor allem das Parodieren von Politikern auf der Bühne entspricht weithin dem überspitzen Charakterisieren in gezeichneten Szenen und Zerrbildern der Karikaturen. Bei der Besetzung der Parodisten für wechselnde unbekannte Oppositions-Politiker gibt es im Salvator-Singspiel jedes Jahr die gleichen Probleme. Wenn man das Original nicht kennt, wie soll man dessen Parodisten verstehen?

Wie gegen diese Satire auf der Bühne und gegen eine witzig geschriebene Glosse kann man sich aber auch gegen bissige Karikaturen kaum wehren, weil man sich nur selbst als humorlos entlarven und zusätzlichen Spott auf sich ziehen würde. Glossen wirken

1983 1984

17. Juli 1983
Die Vermittlung des Milliardenkredits an die DDR war der Grund, dass Franz Josef Strauß bei den Wahlen zum Parteivorstand mit 77% sein schlechtestes Ergebnis erzielte.

28. Oktober
Turnusgemäße Wahl zum Präsidenten des Bundesrates (bis 30.10.1984)

26./27.November
Aus Protest gegen die Vermittlung des Milliardenkredits an die DDR gründeten die aus der CSU ausgetretenen Bundestagsabgeordneten Franz Handlos und Ekkehardt Voigt zusammen mit dem Journalisten Franz Schönhuber die Partei „Die Republikaner".

17. Juni 1984
Bei den Wahlen zum Europäischen Parlament erreichten in Bayern: CSU 57,2% (im Bundesdurchschnitt 8,5%), SPD 27,6%, FDP 4%, Die Grünen 6,8%.
Der zusammen mit den Europawahlen durchgeführte Volksentscheid brachte mit 94% eine große Mehrheit für den im Landtag beschlossenen „Schutz der natürlichen Lebensgrundlagen". Als erstes Bundesland erhob damit Bayern den Umweltschutz zum Staatsziel.

maximal nur drei Tage, auch Kabarett-Texte sind kurzlebig. Karikaturen dagegen, wenn sie gut und treffend sind, verglühen nicht, sondern leben in Büchern und Ausstellungen weiter, solange von den „Gezeichneten" gesprochen wird. Sie sind auch Dokumente der Zeitgeschichte: So war das mit Strauß, Kohl und Genscher, mit dem Milliardenkredit oder als Strauß selbst mit Gefährten zu Gorbatschow nach Moskau geflogen ist.

Sowohl die Politik als auch die Kunst des karikierenden Zeichnens oder Porträtierens sind ein weites Feld. Da geht es ja nicht nur um Tagespolitik, Regierungspolitik, Parteipolitik und aktuelle internationale Politik. Es gibt auch gesellschaftspolitische Themen, die langfristig aktuell bleiben – wie Umwelt- und Verbraucherpolitik oder Städtebau, Kultur und Sport. Die entscheidende Rolle spielt das Ressort einer Zeitung, für das der Karikaturist eine Zeichnung liefern soll oder dauerhaft arbeitet: Je nachdem muss er andere Themen und Personen mit gezeichneten Pointen kommentieren. Das Wort „Manderl-Maler" trifft sachlich wohl nur auf Zeichner zu, die ihre Figuren mit Sprechblasen versehen, in denen ein Kommentar oder Kurzdialog steht. Eines gilt wohl für alle: Je weniger Sprechblasen einer für den gezeichneten Kommentar als Erklärung braucht und je kürzer der Text, desto besser ist die Karikatur.

Wetten, für den sind uns die Karikaturisten noch in 70 Jahren dankbar!, Horst Haitzinger 1985

HORST HAITZINGER

Jeder Karikaturist hat Steckenpferde, Lieblingsfiguren und sein persönliches Engagement. So hat sich etwa Horst Haitzinger früh neben den täglichen Karikaturen zur aktuellen Politik auch kraftvoll für Umwelt-, Klima- und Naturschutz engagiert. Seine aufrüttelnden Zeichnungen mit Stift oder Pinsel sind nicht nur in Nationalparken in Ausstellungen und Zeitschriften als zeitkritische Kommentare zu sehen gewesen. Da ist die Sache das politische Thema, nicht eine Person. Haitzinger ist Österreicher, aus Eferding an der Donau vor Linz. Nach seiner Ausbildung dort zum Werbegrafiker studierte er in München an der Akademie der Bildenden Künste, wo er schon als Student unter anderem für die Zeitschrift „Simplizissimus" Karikaturen lieferte. In Wikipedia wird er so beschrieben: „Bekannt wurde er als ‚Meister des deftigen Strichs', der in einem unverwechselbaren Stil das bundesrepublikanische politische Geschehen treffsicher und mit beißender Ironie zu karikieren versteht. Täglich entsteht mindestens eine Karikatur." Haitzingers tägliche Karikatur erschien zuerst in der Münchner Boulevardzeitung „tz", aber gleichzeitig oder anschließend in anderen Regionalzeitungen und in Magazinen. Für die „Bunte" malte er jede Woche eine prächtige ganzseitige Farbkarikatur. Seine gezeichneten und – teilweise in Öl – gemalten Kommentare zum Zeitgeschehen zeigte er auch oft in Ausstellungen und mehreren Sammelbänden.

HERBERT KOLFHAUS

Der in Hessen geborene und nach dem Krieg in Bayern lebende Herbert Kolfhaus dagegen war – geprägt von seinen Anfängen als Kriegsberichterstatter – in der ersten Nachkriegszeit besonders an Außenpolitik

„ Mao hat den empfangen ? - dann muss Mao mich mindestens zum gemeinsamen Schwimmen im Jangtse einladen !“ , Herbert Kolfhaus 1975

und am großen Weltgeschehen wie der deutsch-französischen Aussöhnung und am mühsamen Aufbau eines gemeinsamen Europa interessiert: Darum war er gerade in diesen Themen mit seinen Karikaturen näher an Strauß und dessen außenpolitischen Ambitionen und Aktionen als andere. Kolfhaus kommentierte in seinen vielen Karikaturen im Münchner Merkur, im Bayernkurier und auch außerhalb Bayerns natürlich auch innenpolitische Vorgänge, aber er galt als außenpolitischer Interpret der strategischen Ziele von Franz Josef Strauß.

Sowohl als „Gaullist“ als auch als „Atlantiker“ bot Strauß viel Stoff für Kolfhaus-Karikaturen. Ebenso galt Strauß als markantester deutscher Antikommunist, der gegen die sozialistische „Weltrevolution“ kämpfte. Viele linke Kommentatoren, Karikaturisten und Kabarettisten stempelten ihn nur zum „Kalten Krieger“ ab. Im Gegensatz zu Kolfhaus übersahen sie dabei, dass Strauß immer Moskau zu Europa zählte wie Paris oder Rom und eine Verständigung zwischen dem deutschen und russischen Volk als Grundvoraus-

1984 1985

22. Juni
Marianne Strauß verunglückte bei einem Autounfall tödlich.

19./20. August
Franz Josef Strauß reiste erstmals nach Albanien.

November
Verleihung der Bayerischen Verfassungsmedaille in Gold

15. November
Die Verabschiedung eines Mediengesetzes ermöglichte die Einführung des Privatfunks.

4. Februar 1985
Entscheidung der Deutschen Gesellschaft für Wiederaufbereitung von Kernbrennstoffen zur Errichtung einer Wiederaufarbeitungsanlage (WAA) in Wackersdorf/ Lkr. Schwandorf: Die erste Teilerrichtungsgenehmigung erfolgte am 2. Oktober. Strauß hatte sich immer stark für die Kernenergie eingesetzt.

22. Mai
Ehrenbürger der Stadt Regensburg

13. Juli
Ehrendoktorwürde der Sozialwissenschaftlichen Fakultät der Ludwig-Maximilians-Universität München (Dr. rer. pol. h.c.)

setzung für einen dauerhaften Frieden in Europa einschätzte. Kolfhaus erwies sich daher als eher seltener sachkundiger außenpolitischer Kommentator. Viele seiner Karikaturen sind heute Zeitdokumente der heftig umkämpften Themen der Strauß-Ära.

JOSEF BLAUMEISER

Es gibt Karikaturisten, die Personen für jeden leicht erkennbar porträtieren und zugleich mit typischen Eigenschaften oder Eigenheiten charakterisieren können. Darin war Josef Blaumeiser ein großer Könner, auch bei der Identifizierung von Strauß und der CSU mit Bayern. In seiner Strauß-Darstellung als Alpenfestung zum Beispiel spiegelt sich in der Karikatur der Strauß-Satz wider: „Immer, wenn es Deutschland schlecht geht, kommt die Rettung aus den bayerischen Bergen."

Josef Blaumeiser wurde 1924 in der bayerischen Pfalz geboren, kam in den fünfziger Jahren nach München und gründete hier ein Atelier für Grafik und Design. Von Hauptberuf war er Grafiker, Illustrator und Gestalter von Werbekampagnen wie etwa für den Münchner Tierpark Hellabrunn, die Modewoche und andere Unternehmen oder Einrichtungen. Den anderen hier beschriebenen Karikaturisten tue ich sicher nichts weg, wenn ich behaupte, von allen war Blaumeiser der genialste Zeichner mit dem feinsten, präzisesten Strich. Witzige unpolitische Cartoon hat er für die Werbung gemacht und Porträts von Personen dienten ihm als Werbung für sein Atelier. Die AZ engagierte ihn oft nur wegen dieser Cartoons auch als politischen Karikaturisten.

Politische Landschaft in Bayern, Josef Blaumeiser 1977

Mit meinen Journalisten-Freunden Herbert Riehl-Heyse und Ernst Fischer gehörte der Grafiker Josef Blaumeiser in den 70er- und 80er-Jahren zu unserer „Viererbande“, die einige satirische Bücher über solche bayerische Fabelwesen fabriziert hat wie Wolpertinger, Preußen, Frauen, Österreicher und Weißwürste. Unter uns Autoren haben wir oft mit Josef darüber diskutiert, ob er ein politischer Karikaturist ist und einer sein will. Wir waren uns einig, dass die aktuell kommentierende tagespolitische Karikatur nicht Josefs Stärke war. Er war ein Cartoonist, der lieber menschliche Schwächen, gesellschaftskritische Entlarvung und ironisierende Komik zum Zeitgeist mit scharfem Federstrich pointiert aufzeigte. Dabei wurden eher nebenbei politische Vorgänge oder Einschätzungen festgenagelt.

Der Pfälzer hat bayerische CSU-Politiker mit Vorliebe als runde barocke Figuren dargestellt, die Sozis und andere Preußen dagegen lieber gotisch spitz und dürr. Aber für seine eigenen und unsere gemeinsamen Bücher hat er auch einige Meisterstücke an satirischen Porträts und Karikaturen von zeitlos treffender Aussage geliefert. „Ewig währet“ wohl sein Farbporträt vom „doppelten Strauß“ – je nach Stimmung als feiner Steinpilz oder als ungenießbarer Gallenbitterling.

Doppelter Strauß, Josef Blaumeiser

1985 1986

2.-10. Oktober
Im Rahmen seiner vierten China-Reise besuchte Franz Josef Strauß die Provinz Shandong und eröffnete dort die Ausstellung „Wirtschaftspartner Bayern“.

13. November
Ehrenbürger von Rott am Inn

22./23. November
Feier zum 40jährigen Bestehen der CSU: Franz Josef Strauß stand seit 24 Jahren an der Spitze der Partei.

20. März 1986
Obwohl sich die Landeshauptstadt München vehement dagegen aussprach, hielt die Bayerische Staatsregierung an ihrer Absicht fest, auf dem Gelände des ehemaligen Armeemuseums die neue Staatskanzlei zu errichten.

14. Mai
Trotz der Reaktorkatastrophe von Tschernobyl am 26. April 1986 bestand Ministerpräsident Strauß vor dem Bayerischen Landtag auf der Nutzung und dem Ausbau der Kernenergie sowie der Errichtung der WAA in Wackersdorf.

Andere Karikaturisten haben mehr eine Begabung und Vorliebe für Bühnenbilder oder große Schlachtgemälde. Die setzen mit erkennbaren Gestalten ein politisches Thema so in Szene, dass man sowohl deren Absichten als auch ihre Rangordnung erkennt. Darin waren Ernst Maria Lang, aber auch Herbert Kolfhaus große Meister, etwas später kam auch Dieter Hanitzsch mit in diese Riege. Egal, ob sie mehr von links oder rechts karikierten, fast immer war Strauß positiv oder negativ der große Anführer oder Anstifter. Bei Kolfhaus zielten die Pfeile aus seiner liberal-konservativen Überzeugung heraus auf die linke Opposition in München und Bonn, bei Hanitzsch sticht sein Stift mehr die CSU und CDU.

ERNST MARIA LANG

Dem gestandenen Altbayern und Architekten aus Oberammergau, Ernst Maria Lang, lagen trotz tagespolitischer Kritik unverkennbar die Interessen Bayerns am Herzen. Bei ihm trafen die Spitzen seiner Feder meist mehr die CSU-Riege hinter dem mächtigen Parteichef, weil er die meisten von dessen Diadochen entweder für zu schwach oder zu feig für gebotenen Widerspruch zu FJS hielt. Indem sie sich ängstlich hinter ihm duckten und versteckten oder Beifall und Weihrauch spendeten, machten sie seiner Meinung nach Strauß erst zum Alleinherrscher. Ernst Maria Lang differenzierte seine Gestalten innerhalb der CSU. Als Strauß in das Amt des Ministerpräsidenten drängte, um seine Kandidatur zum Kanzler vorzubereiten, bestärkte er den Amtsinhaber Alfons Goppel zu bleiben. Da war viel Meinung hinter vordergründig lustigen Szenenbildern.

In der CSU-Landesgalerie, Katalognummer 1967: Franz Josef der Einzige, Ernst Maria Lang 1967

Lang war nie ein ideologischer Gegner von Strauß und der CSU. Er war sich bewusst, dass die CSU trotz im Wahlkampf demonstrierter „Geschlossenheit" kein Monolith war, wie sie in Nord- und Westdeutschland oft falsch dargestellt wurde. Er wusste, dass die CSU von Anfang an eine Parteistruktur hatte, die ihre Stärke aus dem Proporz bezog: nach Regionen und Konfessionen, Konservativen und Liberalen, sowie der Balance zwischen Wirtschafts- und Sozialpolitik. „Der CSU-Politiker" existiert ebenso wenig wie „der Bayer" als Einheitstyp in Tracht. Lang war die längste Zeit Doyen der SZ-Karikaturisten und als ihr Ältester der Sprecher bei vielen Ausstellungen.

DIETER HANITZSCH

Der 1933 geborene Böhme Dieter Hanitzsch studierte nach Kriegsende in München an der TU zum Diplom-Bierbrauer, arbeitete eine Zeit lang als Wirtschaftsjournalist beim Bayerischen Fernsehen und kam über die Arbeit in einer Werbeagentur nebenbei zum Hobby Zeichnen und Illustrieren, zuerst bei der Illustrierten „Quick". Er machte erst 1985 aus dieser Begabung und Nebentätigkeit seinen Hauptberuf und zeichnet nach wie vor auch fürs Fernsehen. Die von ihm und unserem Freund Riehl-Heyse erfundene, an die Filserbriefe von Ludwig Thoma angelehnte Figur des CSU-Abgeordneten Max Froschhammer braucht auch des Öfteren „himmlische Eingebungen" durch das leibhaftige Erscheinen von seinem Idol Franz Josef.

ohne Titel, Dieter Hanitzsch 1992

Dieter Hanitzsch versteht sich und ist ein sozial engagierter Journalist, der seine Meinung deutlich sagt und auch entsprechend „überzeichnet" im Bild darstellt. Er hat zeitweise überwiegend von zahllosen Strauß-Karikaturen und vielen Büchern darüber recht gut gelebt und ihm von daher ebenso stark nachgetrauert wie jetzt dem Ausscheiden von Christian Ude. Er ist heute einer der bekanntesten und vielseitigsten Karikaturisten, Porträtisten, Szenenbildner und knallharter Kommentator. Er ist stark geprägt vom steten Einfluss der jeweiligen politischen oder lokalen Redakteure in der SZ und in anderen Blättern, für die er Karikaturen liefert. Er bemüht sich aber immer um Ausgewogenheit und ein wenig Gerechtigkeit für Politiker der Union, obwohl er etwa von Angela Merkel und Horst Seehofer ebenso wenig hält wie von Helmut Schmidt, Gerhard Schröder oder Sigmar Gabriel. Die Opposition in Bayern behandelt er mit mildem Spott oder gar nicht. Mit vielen Karikaturisten und Kabarettisten hat der Dieter eines gemeinsam: Den Anspruch der Unfehlbarkeit erheben sie viel öfter als der Papst.

Unabhängig von ihrer politischen Einstellung sind alle vorwiegend porträtierenden Karikaturisten dankbar für jeden Politiker, der gut und leicht erkennbar zu zeichnen ist. Auch wenn sie diese politisch nicht lieben, hoffen sie, dass die handelnden Figuren als ihnen geläufige Muster möglichst lange im Amt erhalten bleiben. Politiker ohne Profil, ohne Konturen, ohne Ecken und Kanten sind nicht nur in der Politik langweilig und nichtssagend, sondern auch eine Plage für Karikaturisten.

1986

12. Oktober

Landtagswahl in Bayern: CSU 55,8%, SPD 27,5%, Die Grünen 7,5%, Republikaner 3%. Erstmals zogen „Die Grünen" in den Bayerischen Landtag ein, die FDP verfehlte den Wiedereinzug in das Parlament. Franz Josef Strauß kandidierte wiederum auf der oberbayerischen Liste.

1. Dezember

40 Jahre Bayerische Verfassung

5. Dezember

Nach langjährigen Protesten anliegender Gemeinden und Bürgerinitiativen wies das Bundesverwaltungsgericht in letzter Instanz Anträge auf einen Baustopp des Flughafens München II im Erdinger Moos ab. In Erinnerung an die Verdienste von Franz Josef Strauß bei der Durchführung des Projekts beschloss die Gesellschafterversammlung der Flughafen München GmbH am 8. November 1990, dem neuen Flughafen München den offiziellen Beinamen Franz Josef Strauß zu geben. Die Eröffnung des Flughafens erfolgte am 17. Mai 1992.

10. Dezember

Regierungserklärung zur Zukunftssicherung des Standorts Bayern u.a. im Bereich der Spitzentechnologien, der Luft- und Raumfahrt sowie der Landwirtschaft

Denkmal (Modell Nr. 1), Dieter Hanitzsch

Die mischen sich dann aus körperlichen Merkmalen, Charaktereigenschaften und politischen Haltungen ein Klischeebild zusammen. Kohls körperliches Gewicht wird zu seinem politischen, sein Kopf zur leeren Birne auf gemästetem Bauch und einem dicken Hintern, der alle Probleme samt Gegnern und Konkurrenten einfach aussitzt. Theo Waigel wird daneben gern reduziert auf seine markanten Augenbrauen, auf eine kleinere, der CSU neben und nach Strauß „angemessene" Gestalt und ein gelassenes schwäbisch-ironisches Lächeln.

Beim SPD-Politiker Hans Jochen Vogel und Edmund Stoiber verbinden sich in den Karikaturen die schlanke Figur, die Neigung zum fleißigen Aktenstudium und Besserwissen zu einer recht ähnlichen mageren Gestalt mit erhobenem Zeigefinger des Oberlehrers. Die jeweiligen Getreuen der Parteichefs – bei Strauß Gerold Tandler, Erwin Huber, Franz Heubl und anfangs auch Stoiber – finden sich jeweils als Diener, Sherpa, Büchsenspanner oder Wadlbeißer wieder. Selbst der eher linke Dieter Hanitzsch hat in unserem gemeinsamen Salvator-Buch einmal den früheren Chef der Bayern-SPD, Helmut Rothemund, am Nockherberg der „Herr Dings", neben dem dominierenden Löwen Strauß als Zamperl gezeichnet – Text dazu: „Wau, wau!"

Dabei gibt es eine große Ähnlichkeit zwischen der Karikatur in der Zeitung und der Parodie auf der Kabarettisten-Bühne. Wie soll man einen Politiker oder eine Politikerin zur sofortigen Erkennbarkeit darstellen, den oder die keiner kennt? Und umgekehrt: Je öfter eine schwer zu zeichnende und schwer zu spielende Figur notgedrungen aus politischen Sachzwängen dargestellt werden muss, desto bekannter wird sie genau nach diesen Klischees. Das hat eine politisch nicht gewollte Nebenwirkung: Karikaturisten machen auch Politiker, die sie bekämpfen, durch nachhaltige witzige Verzerrung nur populär.

So ziemlich alle Karikaturisten haben Probleme mit den Frauen in der Politik. Die sind nämlich quer durch die Parteien erheblich empfindlicher als die Männer. Ist eine Politikerin mit ihren weiblichen Attributen flott dargestellt, gilt es als sexistisch. Wird eine in ihrer realen Gewichtsklasse als rundliche Matrone gezeichnet, gilt das als frauenfeindlich. Nach der blöden „political correctnes" dürfte man Politikerinnen überhaupt nicht zeichnen. Das wäre aber dann „diskriminierende Missachtung".

Zu den Lieblingen aller Karikaturisten und Kabarettisten – jenseits ihrer politischen Zuneigung – hat immer Franz Josef Strauß gehört. Er war von Figur, Charakter und der politischen Richtung einer, der Führungsanspruch, Kraft und Kampfbereitschaft ausstrahlte, einen festen bayerischen Standpunkt „auf dem Boden des christlichen Abendlandes" hatte und in „offener Aussprache" klare Kante zeigte. Strauß war von kräftiger gedrungener Gestalt, hatte einen kurzen Hals und die Neigung, beim Reden den Rücken zu wölben und mit den Schultern zu zucken, so dass man seine Aggressions-Bereitschaft durch einen direkt auf den Schultern ruhenden Hals gut darstellen konnte. Strauß war in Wirklichkeit größer als er im Vergleich zu anderen wie etwa Helmut Schmidt meist dargestellt wurde. Obwohl der SPD-Kanzler kleiner war als Strauß, wurde „der große Welt-Ökonom" meist auf Augenhöhe vergrößert.

Darüber hinaus wurde Strauß bundesweit leicht erkennbar als Prototyp des „Einheits-Bayern" dargestellt: der unangefochtene Häuptling eines frommen, aber unzivilisierten, kriegerischen und allzeit streitsüchtigen Bergstammes, der die Segnungen des Sozialismus einfach nicht begreifen und stattdessen lieber besser leben will. Dieses Klischee vom eigensinnigen Quertreiber zog (und zieht) sich in Variationen durch die Kabaretts wie die Karikaturen – egal, ob die Zeitungen und Sender der SPD oder der CDU und FDP nahestanden.

Das Klischee vom widerspenstigen dummen Einheitsbayern hat sich bis heute nicht geändert. In der satirischen „Heute-Show" des ZDF zum Beispiel können sie sich beim Beschimpfen bayerischer Bürger und Politiker geradezu kaputt lachen, etwa weil die Seppls nicht ohne Not ihre Landschaft mit gigantischen Stromtrassen verschandeln lassen, um anderen Ländern ihren Wind- und Kohlestrom abzukaufen. Oder weil sie im Transitland Bayern PKW-Maut fordern wie überall.

An Strauß konnte die Politik für bayerische Eigenständigkeit und Widerstand gegen sozialistische Gleichmacherei am deutlichsten als Eigensinn gezeigt werden. Bayerische Interessen in Deutschland und Europa zu vertreten und durchzusetzen, geht ja auch heute nicht ohne Streit! Strauß stand dafür und wurde für diese Position gegen den Rest der Welt „gezeichnet".

1987

25. Januar

Bei der Wahl zum 11. Bundestag erreichten in Bayern: CSU 55,1% (im Bundesdurchschnitt 9,8%), SPD 27,0%, FDP 8,1%, Die Grünen 7,7%. Franz Josef Strauß kandierte dabei auf Platz 1 der CSU-Landesliste und verzichtete am 19. März auf sein Bundestagsmandat.

10. Februar

Errichtung eines bayerischen Informationsbüros in Brüssel

März

Baubeginn der WAA in Wackersdorf (Oberpfalz)

11.-16. Oktober

Mit seiner fünften China-Reise setzte Franz Josef Strauß die Pflege der guten Beziehungen zur Volksrepublik China fort.

Ende Dezember

Begleitet von Edmund Stoiber, Gerold Tandler und Theo Waigel reiste Franz Josef Strauß zum ersten Mal in die Sowjetunion und traf dort mit dem Generalsekretär der KPdSU Michail Gorbatschow zusammen.

Ich habe Franz Josef Strauß seit den sechziger Jahren auch aus der Nähe gekannt, er mich auch. Wir haben geredet und gestritten, ich habe ihn glossiert und auch mit Salvatortexten für Walter Sedlmayr derbleckt. Ich gehörte aber nicht zu seinem engeren Bekanntenkreis oder Urlaubsfreunden. Vielleicht habe ich deshalb Strauß nie in einer Lederhose gesehen. Er konnte im bayerischen Trachtenanzug auftreten oder in der Zeit vor der Kanzlerkandidatur 1980 fast nur im dunkelblauen oder grauen Anzug und mit seriöser Hornbrille – in Karikaturen war er fast immer in der kurzen Lederhose mit Wadlstrümpfen, Nagelschuhen und den Daumen in den Hosenträgern in der herausfordernden Haltung: „Mogst rauffa?" Dahinter sein „Fähnelein" an Getreuen meist im Trachtenanzug mit weißblauer Rautenfahne oder einem Löwen als Kampfhund dabei.

Außerhalb Bayerns mögen diese gezeichneten Klischeebilder als Spott und Häme, Draufhauen und Niedermachen gewirkt haben: diese Seppl - zum Brüllen! Aber Karikaturen wirken in der politischen Aussage nicht immer so, wie sie sie gemeint sind. Je mehr Strauß als alleinherrschender bayerischer Kraftlackl in Lederhose, mit Löwe und Raute oder Accessoires eines Alpenjägers und Gebirgsschützen zum Spott dargestellt wurde, desto mehr haben sich bayerische Wähler selbst so herablassend angegriffen gefühlt, dass sie sich aus Trotz mit Strauß solidarisiert haben. Je mehr SPD, FDP und Grüne ihn mit Bayern-Klischees angegriffen haben, desto besser war sein und der CSU Wahlergebnis in Bayern. Der Trotz zeigte sich deutlich nach der verlorenen Kanzlerwahl, wie später dann auch bei Stoiber.

Was einmal das strategische Ziel von Generalsekretär Gerold Tandler war, nämlich die Identifizierung der CSU mit Bayern, ist auch mit Hilfe von Karikaturisten und Kabarettisten entgegen deren Absicht verwirklicht worden. Strauß ist in allen Szenarien, die Karikaturisten dem Volk vorgesetzt haben, auch in der eigenen Partei in seinem alleinigen Führungsanspruch eher gestärkt worden, weil er immer der Mächtigste im Bild war und alle Konkurrenten oder Nachfolge-Kandidaten nur als untertänige Lehrbuben dargestellt wurden.

Was ich damals in diversen Glossen und Streiflichtern der SZ als „das Nikolaus-Gespann" glossiert habe – nämlich Alfons Goppel als der „Heilige" für Bayern und Franz Josef Strauß als der „Krampus" mit der Rute für die Preußen in Bonn – fand sich in Variationen auch in Karikaturen wieder und zeigte sich in Wahlergebnissen: Allein als Ministerpräsident und CSU-Chef erreichte Strauß nie mehr über 60 Prozent wie zuvor im Gespann mit Goppel. Viele Karikaturen bestätigten: Nur Strauß und seine CSU vertreten die Interessen Bayerns kämpferisch in Bonn, Brüssel und dem Rest der Welt, aber daheim wollen wir Bayern einen gemütlichen Landesvater und gefälligst „unser Ruah"!

Dasselbe Phänomen, dass ihre Kanonen nach hinten losgehen, gilt auch für Kabarettisten, von denen viele „links reden und rechts leben". Kaum einer traut sich, linke Parteien einmal wegen „falscher Politik" scharf anzugreifen oder gar ein gutes Haar an der Union zu finden, weil er sofort von den linken Predigern der Toleranz ausgegrenzt und als „Rechter" gemoppt würde. Doch die Namen der dauerhaft rauf und runter Beschimpften merkt man sich dann leichter als „die wichtigen Politiker".

Das Schlimmste für Politiker ist ja, am Nockherberg wie in Kabaretts gar nicht erwähnt zu werden und in Karikaturen nicht zu den „Gezeichneten" zu gehören. So jemand ist eben „nicht im Bilde". Die Namen der nicht erwähnenswerten oder aus Mitleid geschonten Politiker hört man nie, sieht sie auf keiner Karikatur oder erkennt sie nicht. Wer merkt sich schon einen „Guten", wenn der nie erwähnt wird?

Seit es in Bayern nach dem Krieg wieder Karikaturen und Kabaretts gibt, richteten sich in beiden Kunstformen die meisten kritischen Angriffe auf die Union, speziell auf Strauß und die CSU. Die bayerische SPD wurde von Kabarettisten allenfalls dafür kritisiert, dass sie nicht sozialistisch genug sei und linke Politik nicht aggressiv genug vertreten würde. Das ist aber nur schwer zu zeichnen. Seit es die Grünen gibt, spielen sie in Karikaturen oder Kabaretts keine große Rolle, weil deren Aggressivität und Polemik nicht mehr satirisch getoppt werden kann. Aber insgesamt komme ich auf meine eingangs vertretene These über die engen Grenzen von uns angeblichen „Meinungsmachern" zurück, denn da stellt sich die bayerische Frage: „Und was hat's eana gholfa?" Trotz Dauerbeschuss von Kabarettisten und Karikaturisten wählen die Bayern seit über einem halben Jahrhundert fast durchgehend die CSU als Regierungspartei. Oft wird ja ein Politiker genau wie Franz Josef Strauß im Kabarett oder in einer Karikatur wegen einer Einstellung angegriffen, zu der die Wähler sagen: Aber recht hat er! Da liegt die Vermutung nahe, dass diese Kritik der CSU geholfen hat, ständig ihre Politik zu korrigieren oder besser zu erklären. Diese Nachhilfe zur Selbsterkenntnis wurde der SPD bis heute versagt.

Wie soll man auf dem Nockherberg einen Politiker derblecken oder parodieren, den niemand kennt? Mehrere Politiker der Opposition haben mich zu meiner Zeit als Textautor der Salvatorreden eingeladen und gebeten: „Könnten Sie mich nicht auch erwähnen, damit ich etwas besser bekannt werde?" Ich habe es oft getan, aber es war mühsam und Sedlmayr hat dann geschimpft: „Jetzt hamm's mir de Langweiler scho wieder neigschriebn!"

Anfang der achtziger Jahre hat Marianne Strauß einmal dem Sinne nach gesagt, ihr Mann werde derart oft karikiert, dass er eigentlich für jede Verwendung seines Kopfes Tantiemen bekommen müsste. Daraufhin habe ich Walter Sedlmayr auf dem Nockherberg als Anrede sämtliche Ämter und Titel von Strauß in die Salvatorrede geschrieben, zum Beispiel „Herr Vorsitzender des Auswärtigen Ausschusses im Bundesrat" - ohne den Namen von Strauß. Dann habe ich ihn irgendwann sagen lassen: „Herr Ministerpräsident, ich kenne Sie schon. Sogar namentlich! Aber ich trau mir ja Ihren Namen nicht auszusprechen, weil sonst Ihre Frau auf die Idee kommt, dafür Honorar von mir zu verlangen!"

Zu den Feiern des 100. Geburtstags von Franz Josef Strauß passt wohl kaum eine Karikatur so gut wie eine von Horst Haitzinger. Und das Original gehört mir. Nach dem Fall des Eisernen Vorhangs hatte ich einem Freund aus dem Bayerwald aus Jux eine ge-

1988

19.-30. Januar
Reise nach Südafrika

3. Februar
Im Zusammenhang mit der Schaffung eines europäischen Binnenmarktes am 1. Januar 1993 sprach sich Franz Josef Strauß vor dem Bayerischen Landtag für die Umsetzung des Subsidiaritätsprinzips aus.

24. September
Vortrag zu „Perspektiven der Ost-West-Wirtschaftsbeziehungen" anlässlich des III. Varna-Forums in Varna (Bulgarien)

3. Oktober
Tod von Franz Josef Strauß in Regensburg

8. Oktober
Beisetzung in der Familiengruft Kaiser in Rott am Inn

Regierungserklärung, Horst Haitzinger 1988

schmuggelte Glocke aus Tschechien abgekauft, die aber nicht auf mein kleines Bauernhaus passte. Somit hatte ich eine Glocke ohne Turm. Horst Haitzinger dagegen erzählte mir, er habe sich im Dachauer Land einen alten Gutshof gekauft und renoviert; der habe zwar einen Glockenturm, aber keine Glocke. Dem Manne konnte geholfen werden. Als er sich meine Glocke abholte, die dann sogar passte, habe ich mir als Preis eine bestimmte Original-Farbkarikatur über Strauß gewünscht: ein Altarbild.

Auf dieser Karikatur steht im Vordergrund ein rundlicher Franz Josef als Ministrant und schwingt ein Weihrauchfass; hinter ihm ein barocker Hochaltar mit einem Altarbild vom heiligen Kirchenpatron – ebenfalls Franz Josef – hier als mächtiger Herrscher mit Zepter und weißblauem Reichsapfel in den Händen; unter ihm die streitbaren Erzengel Edmund Stoiber und Erwin Huber, die mit Schwert und Lanze zwei gehörnte SPD-Teufel aus dem Paradies in die finstere Hölle verstoßen: gut erkennbar Hans Jochen Vogel und Heinz Hiersemann. Auf den Marmorsäulen links und rechts sitzen Max Streibl und Franz Heubl wie heilige Evangelisten und im Altarbild schwirren über Strauß geflügelte Rokoko-Puten: Theo Waigel und Gerold Tandler als musizierende und jubilierende Engel. Soweit noch heile Welt.

Aber auf einer Säule links neben dem Altarbild hat mein Freund Horst einen Puttenkopf mit Flügerl nachträglich nur mit Tusche hinein platziert wie ein unerlaubt in die bunte heilige Welt eingeflogenes „Deiferl": Es trägt mein Konterfei - vom „Meister des deftigen Strichs"! Diese Karikatur erinnert mich an Strauß und viele Politiker, mit denen ich mich die längste Zeit als Journalist herumgeschlagen habe: oft am Rande dabei, nie richtig dazugehört. Ich könnte mir vorstellen, dass die Szenerie mit dem Weihrauch schwingenden Strauß vor seinem zur Ehre der Altäre erhobenen Porträt bei der Feier seines 100. Geburtstags von seinen noch auf Erden waltenden „Erzengeln" gern nachgespielt wird.

Die Karikaturisten

Blaumeiser, Josef (1924–1988) Grafiker, Designer, Illustrator und Karikaturist in München, zeichnete für die Münchner Abendzeitung und die Süddeutsche Zeitung; berühmt sind seine Plakate für den Tierpark Hellabrunn in München.

Haitzinger, Horst (geb. 1939) Maler, Grafiker und seit 1963 freier Karikaturist in München für mehrere Tageszeitungen und die „Bunte".

Hanitzsch, Dieter (geb. 1933) gelernter Bierbrauer, Brauerei-Ingenieur, Diplomkaufmann, 1964–1985 Wirtschaftsjournalist beim Bayerischen Fernsehen; seit 1985 hauptberuflich Karikaturist in München, vorwiegend für die Süddeutsche Zeitung und das Bayerische Fernsehen.

Kolfhaus, Herbert (1916–1987) Kriegsberichterstatter im Zweiten Weltkrieg, 1948–1987 freier Karikaturist in München für diverse Tages- und Wochenzeitungen sowie den Bayernkurier.

Lang, Ernst Maria (1916–2014) Architekt in München, 1971–1991 Präsident der Bayerischen Architektenkammer, 1947–2003 Karikaturist für die Süddeutsche Zeitung und 1954–1989 für das Bayerische Fernsehen.

Die Rechte an den verwendeten Zeichnungen liegen bei den Zeichnern Horst Haitzinger und Dieter Hanitzsch, bei Frau Anneliese und Herrn Michael Blaumeiser, bei Die Neue Sammlung - Staatliches Museum für angewandte Kunst/The International Design Museum Munich (Ernst Maria Lang; fotografiert von P. Hamm und A. Laurenzo) sowie bei der Hanns-Seidel-Stiftung (Herbert Kolfhaus).
Ihnen allen gebührt der Dank für die großzügig gestattete Abdruckgenehmigung.